ÉTUDES SONG
SUNG STUDIES

SER. I

1

ÉCOLE PRATIQUE DES HAUTES ÉTUDES — SORBONNE
SIXIÈME SECTION : SCIENCES ÉCONOMIQUES ET SOCIALES

SUNG STUDIES

IN MEMORIAM ÉTIENNE BALAZS

edited by
FRANÇOISE AUBIN

SERIES I
HISTORY AND INSTITUTIONS
1

MOUTON & CO

ÉCOLE PRATIQUE DES HAUTES ÉTUDES — SORBONNE
SIXIÈME SECTION : SCIENCES ÉCONOMIQUES ET SOCIALES

ÉTUDES SONG

IN MEMORIAM ÉTIENNE BALAZS

éditées par
FRANÇOISE AUBIN

SÉRIE I
HISTOIRE ET INSTITUTIONS
1

MOUTON & CO

Deux séries d'*Études Song* sont prévues :

1re série : Histoire et Institutions
2me série : Civilisation

Chaque série paraîtra sous forme de fascicules à périodicité irrégulière. Un index général viendra clore chaque série, qui présentera ainsi l'équivalent d'un volume.

ÉTIENNE BALAZS

(24 janvier 1905 — 29 novembre 1963)

IN MEMORIAM *

A la veille du nazisme, de 1931 à 1933, nous arrivait de Berlin une thèse de doctorat sur l'histoire économique des T'ang qu'y avait soutenue en 1930 un jeune Hongrois de vingt-cinq ans; il avait quitté sept ans plus tôt sa ville natale, Budapest, pour venir poursuivre ses études sinologiques en Allemagne et en France (il passa à Paris l'année 1925-1926). Le sujet était d'une nouveauté presque totale. C'est seulement quelques années plus tard, à partir de 1936, qu'en vue d'une continuation de *La Chine antique*, Henri Maspero devait s'attacher aux aspects économiques de l'histoire de Chine; et en Chine même comme au Japon, ces aspects commençaient à peine à éveiller l'attention des meilleurs savants. Dès les premières lignes de sa thèse, invoquant Max Weber, Étienne Balazs soulignait l'importance du système économique de la Chine ancienne : il y voyait un apport comparatif encore inexploité à l'histoire et à la théorie générale de l'économie, en même temps qu'un moyen de mieux comprendre l'évolution moderne de l'Asie Orientale. Cette double perspective, celle du spécialiste de l'économie et celle du citoyen du monde d'aujourd'hui, devait commander son œuvre ultérieure ; toujours le passé devait s'y vivifier d'actualité et les problèmes présents s'y approfondir dans le miroir de l'histoire. Après l'époque des T'ang, choisie en premier lieu du fait de sa position cruciale entre ce qu'il appelait la fin de l'antiquité et l'aube des temps

* Nous remercions M. P. Demiéville, membre de l'Institut, professeur honoraire au Collège de France, d'avoir bien voulu reprendre une partie des deux nécrologies qu'il avait rédigées à la mort d'É. Balazs, l'une pour le *T'oung Pao*, LI/2-3 (1964), pp. 247-261, l'autre pour la plaquette *Hommage à Étienne Balazs* publiée par la Faculté des Lettres et Sciences Humaines de Bordeaux à l'occasion du XVIe Congrès international des Études chinoises qui s'y était tenu en septembre 1964. Pour des détails plus approfondis sur la carrière d'É. Balazs et une bibliographie complète de son œuvre et de son enseignement, nous renvoyons le lecteur à ces deux notices nécrologiques. (F.A.)

modernes, on le voit aborder le Moyen Age chinois, par quoi il entendait les quatre siècles compris entre 200 et 600 de notre ère.

En même temps que sa thèse, paraissaient une brillante traduction allemande de poèmes de Ts'ao Ts'ao et un essai sur Fan Chen, un philosophe des Six Dynasties qui s'opposait au bouddhisme ; car cet économiste était largement ouvert à l'art et aux spéculations de la pensée. Mais bientôt l'avènement de Hitler amène Balazs à gagner la France, où il s'installe en 1935. L'exil se fait définitif ; il abandonne ses études, se terre dans l'ombre, connaît l'adversité, la misère qui ne l'effraie pas, car le luxe lui a toujours répugné et du reste, ainsi qu'il me l'écrivait une fois, après toute épreuve la vie gagne en profondeur et en intensité. La guerre le chasse près de Montauban, où il survit de justesse à la tempête qui le laisse angoissé. Ses premiers écrits en français, à partir de 1948, reflètent cette angoisse dont il trouve un précédent dans la crise sociale et politique des débuts du Moyen Age chinois — *Entre révolte nihiliste et évasion mystique :* exposés passionnés avec lesquels il reprend pied dans la sinologie avant d'entrer, à la fin de 1949, au Centre National de la Recherche Scientifique où il pourra enfin entreprendre des travaux de longue haleine qui le conduiront, en mars 1955, à la Section des Sciences Économiques et Sociales de l'École Pratique des Hautes Études. Il publie alors des traductions abondamment commentées de deux des grandes sources historiques sur la Chine médiévale, le Traité économique et le Traité juridique du *Suei-shu.*

Dès sa jeunesse, en 1933, il s'était aussi intéressé à l'époque, plus tardive, des Sung et avait esquissé le portrait d'un précurseur de Wang An-shih, le réformateur Li Kou. En 1949, on voit apparaître en tête des projets de travaux qu'il soumet au Centre National de la Recherche Scientifique une grande étude sur l'histoire économique et sociale des Sung, qui aurait comporté une traduction de l'énorme Traité économique du *Sung-shih.* Il commence à plaider alors la cause d'une vaste enquête sur l'histoire économique et sociale des Sung, invoquant la quantité et la qualité exceptionnelles des sources, ainsi que le caractère décisif des problèmes qui se posent à cette époque et dont la solution marque, selon lui, le commencement des temps modernes en Chine. En 1954-55, son plan se démultiplie en une série de projets de détail, dont l'un est la préparation d'un *Manuel de l'histoire des Song.* Ainsi naquit ce *Sung Project* qui devait prendre corps à Durham, au VIIe Congrès international des sinologues, auquel Balazs soumit un programme provisoire. Il y soulignait la nécessité de coordonner les recherches individuelles et de constituer une équipe internationale. La notion de travail d'équipe s'était peu à peu imposée à son esprit ; tout l'y portait : son goût des contacts et des discussions, son sens de la coopération scientifique, une largeur de vues qui l'élevait naturellement au-dessus des frontières. Est-il besoin de rappeler avec quelle flamme il organisa et anima cette entreprise collective qui lui était chère et qu'il eût été inconcevable d'abandonner après sa mort?

Lorsqu'il tomba, foudroyé par un infarctus du myocarde, il n'avait pas atteint la soixantaine. Cette mort nous a enlevé en pleine activité un brillant historien de la Chine, unique parmi nous par l'étendue et la variété de sa culture comme par l'originalité de son imagination scientifique qui lui avait permis d'ouvrir à la sinologie des perspectives nouvelles.

Paul DEMIÉVILLE

Au moment où Mme Françoise Aubin achève la mise au point de ce premier volume d'*Études Song*, je crois devoir la remercier, au nom des amis d'Étienne Balazs, de la peine qu'elle a prise pour en assurer une présentation digne de sa mémoire. Elle a traduit elle-même, avec une exactitude dont je peux témoigner, plusieurs contributions rédigées en russe et en japonais ; elle a soigneusement revu et normalisé l'ensemble des articles ; elle a dressé des cartes qui en facilitent la lecture. Suivant le désir de la VIe Section de l'École Pratique des Hautes Études, ce volume, qui traite de l'Histoire et des Institutions, paraîtra en plusieurs fascicules qui seront suivis d'un index. Les matériaux d'une deuxième série de fascicules consacrés aux religions et à la philosophie, à l'art et à la littérature, formeront un volume intitulé « Civilisations ». D'autres pourront suivre ultérieurement. Sous la direction de M. Herbert Franke se poursuit en même temps la préparation d'un recueil de biographies, et sous celle de M. Yves Hervouet l'établissement d'une bibliographie des Sung. Ainsi se réalise peu à peu ce *Sung Project* conçu par Balazs dans le cadre d'une large collaboration internationale à laquelle il n'aura pas été fait appel en vain. Il reste à souhaiter que le résultat de tous ces efforts soit rendu accessible à un public étendu et connaisse une diffusion plus large que ne l'a été jusqu'ici celle des *Matériaux pour le Manuel de l'histoire des Song* déjà parus en une dizaine de fascicules.

P. D.

PRÉSENTATION DE LA SÉRIE I
"HISTOIRE ET INSTITUTIONS"

TABLE DES MATIÈRES GÉNÉRALE *

* Les articles constituant la matière du présent fascicule sont précédés d'un astérisque.

V. *Figures éminentes*

1. Historical precedent or accidental repetition? K'ou Chun in 1004 and Yü Ch'ien in 1449, par W. Franke.
2. Chu Hsi as an administrator, par C. Schirokauer.

VI. *Institutions*

1. The Ministry of Ceremony, *li-pu* (transl. from *Sung-shih*, ch. 163), par W. Eichhorn.
2. The inauguration of *t'i-chü hsüeh-shih ssu* (Education Intendants) during the Northern Sung dynasty, par T. Grimm.

VII. *Histoire économique*

1. Une carte des centres commerciaux de la Chine à la fin du 11e siècle, par É. Balazs.
2. Le développement des transports fluviaux sous les Sung, par S. Aoyama.

VIII. *Histoire urbaine*

Bibliographie sommaire des sources pouvant servir à l'étude de la vie urbaine à l'époque Sung, par É. Balazs.

IX. *Un journal de route de l'époque Sung*

Le *Lan-p'ei lu*, journal de vyaoge de Fan Ch'eng-ta (1170). Texte établi, traduit et annoté par Dzo Ching-chuan.

X. *Instruments de travail pour l'histoire Sung*

1. Généalogie des Empereurs Sung, par M. van der Loon.
2. Listes alphabétiques des *nien-hao* et des Empereurs
   - A. Sung
   - B. Liao
   - C. Chin
   - D. Hsi-Hsia (par P. Olbricht).
3. Tableaux de l'administration Sung, par E. A. Kracke Jr.

TABLE CHRONOLOGIQUE DES PRINCIPAUX FAITS CITÉS[1]

Date	*Fait*	*Auteur de la contribution*
960	DÉBUT DES SUNG	
961	1re création d'un poste de commissaire aux expéditions par voie fluviale (*fa-yün shih*).	Aoyama
979	Conquête du royaume des Han septentrionaux (avec l'aide des Tangut).	Kyčanov
982-1004	1re guerre Sung-Hsia.	Kyčanov
990	Reconnaissance par les Kitan du roi de Hsia.	Kyčanov
997-1022	*Règne de Chen-tsung.*	
1002	Aménagement des transports fluviaux jusqu'à Ch'ien *chou* (Chianghsi).	Aoyama
1004	Grande invasion Kitan.	Kyčanov, H. Franke
	Polémique entre Wang Ch'in-ho et K'ou Chun pour le déplacement de la Capitale dans le sud.	W. Franke
1005	*Traité Sung-Liao de Shan-yüan.*	H. Franke, Kyčanov, W. Franke
1006	1er traité Sung-Hsia.	Kyčanov
1007	Réglementation du transport du grain par le système *chuan-pan*.	Aoyama
1022-1063	*Règne de Jen-tsung.*	
1038	Le souverain tangut se proclame Empereur des Grands Hsia.	Kyčanov
1040-1044	2me guerre Sung-Hsia.	Kyčanov

1. Pour une liste chronologique détaillée des événements de l'époque Sung, voir Christian Cochini et Anna Seidel, *Chronique de la dynastie des Sung* (960-1279), *extraite et traduite du Chung-wai li-shih nien-piao* (Matériaux pour le Manuel de l'histoire des Song, Université de Münich, 1968).

1043-1044	Réforme du système de recrutement des instituteurs locaux.	Grimm
1043-1054	Hsü Yüan est commissaire aux expéditions par voie fluviale.	Aoyama
XIe L. 1047 - 1re L. 1048	Soulèvement conduit par Wang Tsê à Pei *chou*.	Smolin
1067-1085	*Règne de Shen-tsung.*	
1069	*Arrivée de Wang An-shih au gouvernement.* Hsieh Hsiang nommé commissaire aux expéditions par voie fluviale; adoption du système « du transport équilibré ».	Aoyama
1070-1072	3me guerre Sung-Hsia.	Kyčanov
1078	Un des premiers édits concernant la nomination d'instituteurs locaux.	Grimm
1078-1085	Grande réforme administrative de la période yüan-fêng sous l'influence des « novateurs ».	Eichhorn, Grimm
1078-1080	Rédaction des statistiques du *Chung-shu pei-tui*.	Balazs
1081-1086	4me guerre Sung-Hsia.	Kyčanov
1086-1093	*Époque yüan-yu dominée par les « conservateurs ».*	
1096-1099	5me guerre Sung-Hsia.	Kyčanov
1100-1126	*Règne de Hui-tsung, partisan des « novateurs ».*	Grimm
1099-1103	Mise en place d'un nouveau système de contrôle des écoles locales et de la méthode d'examens *san-shê fa* de Wang An-shih.	Grimm
1102-1107	6me guerre Sung-Hsia.	Kyčanov
1103	Le commerce du sel est régi par le système *t'ung-shang* en remplacement du système *fan-mai*.	Aoyama

1104	Adoption du système du « transport direct » du grain par voie fluviale.	Aoyama
1109	Recensement Sung.	Ho Ping-ti
1110	Retour au principe du transbordement du grain.	Aoyama
1111-1117	Période de grande activité des inspecteurs des écoles.	Grimm
1112-1113	Reprise du système du « transport direct » du grain.	Aoyama
1114-1119	7me et dernière guerre Sung-Hsia.	Kyčanov
1118-1121	Fin de la méthode des examens dite *san-shê fa*.	Grimm
XIIe L. 1119 -Ve L. 1121	Soulèvement de Sung Chiang.	Miyazaki
Xe L. 1120-1121	Soulèvement de Fang La.	Miyazaki
1123	1er traité Sung-Chin.	H. Franke
1126	2me traité Sung-Chin.	H. Franke
1127	Début des Sung méridionaux	
1132	Suppression du poste de commissaire aux expéditions par voie fluviale.	Aoyama
1141	3me traité Sung-Chin.	H. Franke
1153-1158	Chu Hsi greffier à T'ung-an *hsien*.	Schirokauer
1160	Recensement Sung.	Ho Ping-ti
1170	Mission de Fan Ch'eng-ta chez les Chin.	Dzo Ching-chuan
1173	Recensement Sung.	Ho Ping-ti
1179-1181	Chu Hsi préfet à Nan-k'ang *chou*.	Schirokauer
1182	Chu Hsi intendant des greniers toujours égaux au Liang-Chê oriental.	Schirokauer
1187	1er recensement Chin.	Ho Ping-ti
1190-1191	Chu Hsi préfet à Chang *chou*.	Schirokauer
1194	Chu Hsi préfet à T'an *chou*.	Schirokauer
1195	2me recensement Chin.	Ho Ping-ti
1207	3me recensement Chin.	Ho Ping-ti
1208	4me traité Sung-Chin.	H. Franke
1223	Recensement Sung.	Ho Ping-ti

ABRÉVIATIONS

ABRÉVIATIONS BIBLIOGRAPHIQUES[1]

A. SOURCES

1.	*CS*	*Chin-shih* (sauf indication contraire, édition Po-na-pen).
2.	*CTKC*	*Ch'i-tan kuo-chih* par Yeh Lung-li (mort après 1267), en 27 *ch.*
3.	*CYTC*	*Chien-yen i-lai ch'ao-yeh tsa-chi* par Li Hsin-ch'uan (1166-1243), en 40 *ch.*
4.	*CYYL*	*Chien-yen i-lai hsi-nien yao-lu* par Li Hsin-ch'uan, en 200 *ch.*, terminé en 1210.
5.	*HTC*	*Hsü Tzu-chih t'ung-chien* par Pi Yüan (1730-1797), en 220 *ch.*, imprimé en 1801.
6.	*HTCCP*	*Hsü Tzu-chih t'ung-chien ch'ang-pien* par Li Tao (1115-1184), en 520 + 60 *ch.*, terminé en 1174.
7.	*HWHTK*	*Hsü Wen-hsien t'ung-k'ao* par Wang Ch'i (fin 16ᵉ siècle), en 254 *ch.*, terminé en 1586.
8.	*LS*	*Liao-shih* (sauf indication contraire, édition Po-na-pen).
9.	*SCHP*	*San-ch'ao pei-mêng hui-pien* par Hsü Mêng-hsin (1126-1207), en 250 *ch.*, terminé ca. 1190.
10.	*SHC*	*Shui-hu chuan* ou roman *Au bord de l'eau.*
11.	*SHY*	*Sung Hui-yao chi-kao*, en 200 *ts'ê* (sauf indication contraire, réimpression Chung-hua shu-chü, Péking, 1958, 8 vol.).
12.	*SLC*	*Sung Ta-chao ling-chi.*
13.	*SS*	*Sung-shih* (sauf indication contraire, édition Po-na-pen).
14.	*SSPM*	*Sung-shih chi-shih pen-mo* par Fêng Ch'i-yüan et Ch'en Pang-chan (époque Ming), en 109 *ch.*

1. Conventions suivies pour les références bibliographiques : pour un ouvrage chinois, 3/2b signifie *chüan* 3, p. 2 verso (dans la pagination chinoise), et *ch.* 3, p. 2 signifie *chüan* 3, p. 2 (dans la pagination à l'européenne); pour un périodique, XII/2 signifie tome XII, fascicule ou numéro 2.

15.	*TCCL*	*Ta Chin chi-li* par Chang Wei et autres, en 40 *ch.*
16.	*TCKC*	*Ta Chin-kuo chih* par Yü-wen Mou-chao en 1234 (?), en 41 *ch.* (*cf.* Index du *Ta Kin kouo tche*, Peiping, 1949).
17.	*TFL*	*Ta Chin tiao-fa lu*, anonyme, en 4 *ch.*
18.	*TTSL*	*Tung-tu shih-lio* par Wang Ch'eng (mort ca. 1200), terminé en 1184.
19.	*WCTY*	*Wu-ching tsung-yao* (*ch'ien-chi*) par Tseng Kung-liang (998-1078) et Ting Tu (990-1053), en 20 + 20 *ch.*
20	*WHTK*	*Wen-hsien t'ung-k'ao* par Ma Tuan-lin (ca. 1250-ca. 1325), en 348 *ch.*
21.	*YS*	*Yüan-shih* (sauf indication contraire, édition Po-na-pen).
22.	*YWL*	*Yüan-wen lei* (ou *Kuo-ch'ao wen-lei*) par Su T'ien-chüeh (1294-1352), en 70 *ch.*, terminé en 1334.

B. Périodiques et ouvrages de référence

1.	*Bull. Ac. Sinica*	*Academia Sinica, Bulletin.*
2.	*BEFEO*	*Bulletin de l'École Française d'Extrême-Orient.*
3.	*CHHP*	*Ch'ing-hua hsiüeh-pao.*
4.	Comm. Press	Édition de la Commercial Press.
5.	*DKWJT*	*Daikanwa-jiten*, dictionnaire en 12 volumes de Morohashi.
6.	*HJAS*	*Harvard Journal of Asiatic Studies.*
7.	*JA*	*Journal Asiatique.*
8.	*JNCB. RAS*	*Journal of the North China Branch of the Royal Asiatic Society.*
9.	*LSYC*	*Li-shih yen-chiu.*
10.	*MCB*	*Mélanges Chinois et Bouddhiques.*
11.	*SHCK*	*Shih-hsiüeh chi-k'an.*
12.	*SK*	*Ssu-ku ch'üan-shu tsung-mu t'i-yao* ou catalogue impérial de 1782 (édition Comm. Press, Shanghai, 1933, 4 vol.).
13.	*SKWC*	*Ssu-ku wei-shou shu-mu t'i-yao*, supplément au *SK* par Juan Yüan (1764-1849), 5 *ch.*, terminé en 1822 (éd. Ta-tung shu-chü, 1930, vol. IX).
14.	*Shina... yōran*	[*Tokushi hōyo kiyō sakuin*] *Shina rekidai chimei yōran* par Aoyama Sadao (Tōkyō, 1933).
15.	*THG*	*Tōhōgaku.*
16.	*THGH*	*Tōhōgakuhō.*
17.	*TK*	*Tōyōshi-kenkyū.*
18.	*TLTC*	*Ta-lu tsa-chih.*
19.	*TP*	*T'oung Pao.*
20.	*TYGH*	*Tōyōgakuhō.*

21. *Têng-Biggerstaff* *An annotated bibliography of selected chinese reference works* (Harvard University Press, revised edition, 1950).
22. *Weng T'ung-wen* *Répertoire des dates des hommes célèbres des Song* (Paris-La Haye, 1962).

LISTE DES ABRÉVIATIONS

a.	année (dans les dates données à la chinoise)
act.	actuel
anc.	ancien
Ann.	Annales Principales des Hist. Dyn.
art.	article
biogr.	biographie
ca.	*circa*
Capit.	Capitale
ch.	*chüan* (= chapitre des ouvrages chinois)
chap.	chapitre
coll.	collection
descr.	description
éd.	édition
ép.	époque
extr.	extrait
f.	feuillet
fl.	fleuve.
H.	*hao* (pseudonyme d'un personnage)
Hist. Dyn.	Histoires Dynastiques
(ré)impr.	(ré)impression de...
inf.	inférieur
inscr. fun.	inscription funéraire
j.	jour
L.	Lune (dans les dates données à la chinoise)
m.	mort en...
mérid.	méridional
mod.	moderne
monogr.	monographie
Mt(s)	mont(s) ou montagne(s)
n.h.	*nien-hao* (= nom d'ère)
nouv.	nouveau
ouvr.	ouvrage
p.	page

pér.	période
préf.	préfecture (=*chou*)
préf. sup.	préfecture supérieure (= *fu*)
princ.	principal
prov.	province (= *lu* à l'époque Sung, *sheng* à l'époque moderne) ou provincial
riv.	rivière
Sites Hist.	Sites Historiques (une section des Monographies Locales)
s. préf.	sous-préfecture (= *hsien*)
sup.	supérieur
suppl.	supplément
T.	*tzu* (surnom d'un personnage)
Tabl. Éch. Amb.	Tableaux des Échanges d'ambassadeurs
Tr. Écon.	Traité Économique (dans les Hist. Dyn.)
Tr. Fonct.	Traité des Fonctionnaires (dans les Hist. Dyn.)
Tr. Géogr.	Traité Géographique (dans les Hist. Dyn.)

AUTRES CONVENTIONS

— Les noms des provinces Sung sont donnés en deux mots (ex. Ching-hsi) et les noms des provinces modernes en un mot (ex. Shantung)[1].

— Pour les noms géographiques modernes (y compris les provinces), la transcription Wade-Giles a été uniformément suivie, excepté pour Péking et Nanking.

— Nous avons rendu les noms de peuple Ch'i-tan et Ju-chen par la restitution la plus en faveur parmi les altaïsants : Kitan et Jürčen (que nous employons sans modification de genre ni de nombre).

— Les dates chinoises sont données, dans les textes français, sous la forme suivante : 9me j., XIme L., 3me a. ch'ing-li, c'est-à-dire le 9me jour de la XIme Lune de la 3me année ch'ing-li.

— Sauf disposition contraire des auteurs, il n'a pas été tenu compte du chevauchement de l'année lunaire chinoise sur l'année occidentale suivante, et chaque année chinoise est désignée par l'année du calendrier chrétien à laquelle une dizaine de mois de l'année chinoise correspond.

— Dans les index, les noms de personne sont en petites capitales les noms de lieux en minuscules romaines.

1. Selon les indications qu'avait données Étienne Balazs, nous écrivons Liang-Chê (et non Liang-chê), Hsi-Hsia (et non Hsi-hsia).

CARACTÈRES CHINOIS

A. Sources

1. *CS* 金史
2. *CTKC* 契丹國志，葉隆禮
3. *CYTC* 建炎以來朝野雜記，李心傳
4. *CYYL* 建炎以來繫年要錄，李心傳
5. *HTC* 續資治通鑑，畢沅
6. *HTCCP* 續資治通鑑長編，李燾
7. *HWHTK* 續文獻通考，王圻
8. *LS* 遼史
9. *SCHP* 三朝北盟會編，徐夢莘
10. *SHC* 水滸傳
11. *SHY* 宋會要輯稿
12. *SLC* 宋大詔令集
13. *SS* 宋史
14. *SSPM* 宋史紀事本末，馮琦原．陳邦瞻
15. *TCCL* 大金集禮，張暐
16. *TCKC* 大金國志，宇文懋昭
17. *TFL* 大金弔伐錄
18. *TTSL* 東都事略，王偁（～稱）
19. *WCTY* 武經總要前集，曾公亮．丁度
20. *WHTK* 文獻通考．馬端臨
21. *YS* 元史
22. *YWL* 元文類（～國朝文類），蘇天爵

B. Périodiques et ouvrages de référence

3. *CHHP* 清華學報
5. *DKWJT* 大漢和辭典，諸橋轍次
9. *LSYC* 歷史研究
11. *SHCK* 史學集刊

12. *SK* 四庫全書總目提要
13. *SKWC* 四庫未收書目提要，沅元
14. *Shina... yōran* 〔讀史方輿紀要索引〕支那歷代地名要覽，青山定男
15. *THG* 東方學
16. *THGH* 東方學報
17. *TK* 東洋史研究
18. *TLTC* 大陸雜誌
20. *TYGH* 東洋學報

INTRODUCTION A LA SÉRIE I
"HISTOIRE ET INSTITUTIONS"

Le *Manuel de l'histoire des Song*, que projetait Étienne Balazs dans les dernières années de sa vie, devait comporter trois parties, réalisées chacune par collaboration internationale : un premier tome devait offrir une bibliographie commentée des sources Sung ; le deuxième se serait présenté comme un dictionnaire biographique du même type qu'*Eminent Chinese of the Ch'ing Period* d'A.W. Hummel ; enfin, le troisième tome aurait été une suite d'articles de synthèse développant exhaustivement les divers aspects de la civilisation Sung. C'est à cette dernière partie qu'É. Balazs tenait le plus, car il y voyait non seulement une somme de toutes les recherches sur les Sung qu'il voulait stimuler, mais plus encore un reflet de l'ensemble de ses propres théories sur la société chinoise [1] qu'il développait, d'année en année, au cours de ses séminaires à l'École Pratique des Hautes Études (VIe Section) et à l'Institut des Hautes Études Chinoises.

Il avait commencé par montrer, selon une belle formule, « les métamorphoses du confucianisme » : comment le confusianisme, de théorie de l'opposition, était-il devenu au début de l'époque impériale le mode de pensée de toute la classe dirigeante et l'éthique du pouvoir gouvernemental? Puis il s'était attaché à dégager les éléments qui avaient placé la Chine des Sung, beaucoup plus tôt que l'Occident, à l'aube d'une ère « moderne », selon le schéma de périodisation qu'il avait adopté : la recherche d'une bourgeoisie chinoise, la nais-

1. Les trois volumes de rééditions d'articles ou de premières éditions d'œuvres posthumes d'É. Balazs parus récemment (*Chinese civilization and bureaucracy*, Yale University Press, 1964; *La bureaucratie céleste, recherches sur l'économie et la société de la Chine traditionnelle*, Paris, Gallimard, 1968; *Histoire et institutions de la Chine ancienne des origines au XIIe siècle après J.-C.*, par Henri Maspero et Étienne Balazs, Paris, P.U.F., 1967) permettent de survoler les principales théories de Balazs sur « la stabilité et la continuité de la société chinoise », dont on trouve un excellent résumé par M. Rolf Trauzettel dans *Saeculum*, XVIII/3, 1967, pp. 264-277.

sance d'une classe marchande, le développement d'une vie urbaine, les germes d'un capitalisme autochtone furent des problèmes qui ne cessèrent de le préoccuper. Mais, en même temps, il décelait dans le poids écrasant de la tradition bureaucratique, dans l'arbitraire de la fiscalité et du contrôle étatique, dans les collusions d'intérêt entre le mandarinat et la bourgeoisie commerçante, les obstacles qui avaient détourné la Chine de son destin de puissance industrielle auquel son niveau technologique et scientifique semblait la promettre dès le Moyen Age. La maturation des traits distinctifs de la société chinoise, jointe à un essor d'éléments nouveaux pré-modernes, lui avait fait choisir, vers la fin de sa carrière, l'époque Sung pour centre de ses études; la richesse de la documentation officielle et privée l'avait convaincu de la nécessité d'une collaboration internationale. Par malheur, son dessein ne fut qu'ébauché. Mais il en resta un grand élan donné aux études Sung et le désir d'aider à leur développement par une conjonction des efforts. Tandis que les projets d'une biographie raisonnée des sources Sung et d'un dictionnaire bibliographique se poursuivent indépendamment, plusieurs des articles qui auraient dû — ou qui auraient pu — être donnés à É. Balazs, pour son recueil d'études synthétiques, ont été groupés en ces séries d'*Études Song/Sung Studies*, dédiées par leurs auteurs à la mémoire de celui qui a ouvert une nouvelle voie aux études sinologiques en Occident.

Nous avons classé les articles par grands thèmes, comme le souhaitait É. Balazs. Mais manque l'essentiel : les synthèses et les textes de liaison qu'Étienne Balazs pensait ajouter pour coordonner les articles disparates en une vue globale de l'époque. Ayant sa propre conception du monde Sung, il aurait sans aucun doute suivi un autre classement que le nôtre, mais comme nous n'avions pour devoir que de disposer au mieux les contributions reçues, nous les avons assemblées en un ordre qui nous a paru s'imposer empiriquement en raison des sujets traités de leur libre choix par les auteurs. Peut-être était-il arbitraire de rejeter dans la deuxième série, consacrée à la « Civilisation », outre les articles sur la littérature, la linguistique ou l'art, ceux qui traitaient aussi de la pensée politique, mais la limitation de l'espace obligeait à ce choix.

L'enseignement d'É. Balazs s'était clos en 1963 par un séminaire sur l'histoire démographique des Sung. C'est sur la prolongation de ce thème que s'ouvre la série des études qui forment la présente collection. M. Ho Ping-ti, se fondant non seulement sur les recensements des Sung, mais plus encore sur ceux des Chin (ou Jürčen), conclut que la population totale de la Chine était, peu avant les débuts de l'invasion mongole, supérieure à 100 millions d'habitants (avec une moyenne de cinq personnes par famille), dont 40 à 50 millions chez les Chin. Outre ce point de repère, désormais bien établi dans l'histoire de l'évolution démographique, l'auteur apporte, par une description de la procédure du recensement d'après le *Chin-shih*, un complément substantiel à son livre bien connu sur la population chinoise des Ming à l'époque contemporaine [1].

Les relations diplomatiques et commerciales entre les Sung et les États barbares n'avaient jamais beaucoup intéressé É. Balazs à titre personnel, mais elles formaient un thème qu'il souhaitait voir développer, tant la politique interne et l'économie des Sung avaient été marquées par les incidences de la politique extérieure. Rien d'étonnant donc à ce que plusieurs contributions gravitent autour du thème de la guerre et de la paix. Après l'article de M. Herbert Franke, une enquête comparative sur l'organisation de la paix, comme celle qui a été menée en 1961 sous l'égide de la Société Jean Bodin (Recueils de la Société Jean Bodin, T. XIV et XV : *La paix*), ne pourrait plus passer sous silence les solutions apportées par les Chinois dans leurs rapports avec les États barbares voisins : la paix est garantie par des serments parallèles, mais indépendants, des États contractants ; le contenu et le style de ces actes reflètent, avec un réalisme fidèle, la balance des forces en présence, sans que le respect de l'idéologie confucéenne aille au-delà de citations stéréotypées des classiques. Car les Sung acceptent, lorsque c'est nécessaire au maintien de la coexistence, d'assumer un statut de vassaux du voisin barbare, vassalité qui est d'ailleurs ignorée à l'intérieur de l'empire chinois et qui est camouflée, dans les rapports internationaux, en une relation pseudo-familiale d'oncle à neveu.

Que le réalisme soit la doctrine première des politiciens Sung lorsqu'ils traitent avec les barbares, on n'en peut plus douter après les recherches — complémentaires à celles de M. H. Franke — que M. E.I. Kyčanov mène, quant à lui, du côté des Tangut. Lorsqu'ils sont obligés, par la force des armes, de reconnaître l'existence d'un royaume Hsi-Hsia les Sung préfèrent verser au souverain tangut d'appréciables subsides plutôt que de voir leur suprématie contestée, et, dans les curieux rapports pseudo-familiaux triangulaires qui s'établissent entre Sung, Liao et Hsi-Hsia, le souverain tangut fait à la fois figure de « fils » de l'empereur Sung et de « neveu » de l'empereur Liao. Mais ici encore cette sujétion apparente ne concerne que les parties contractantes dans leurs rapports mutuels et n'empêche nullement le souverain tangut de se donner le titre d'Empereur ni d'agir en maître indépendant dans sa politique interne comme dans ses rapports avec ses voisins tibétains et uigurs [2].

1. Ho Ping-ti, *Studies on the Population of China, 1368-1953*, Harvard East Asian Studies, 4, 1959.

2 Pour un exemple comparable à l'époque T'ang dans les rapports de l'Empereur de Chine avec le souverain du Tibet, voir Friedrich A. Bischoff, « Recherches sur les principes légaux des traités internationaux des T'ang », dans *Studies in South, East and Central Asia* (*Memorial volume to Prof. Raghu Vira*), Denis Sinor, ed., Śata-Piṭaka

Enfin, la contribution de M. Wolfgang Franke, que nous avons classée dans la section des « Figures éminentes », complète cet aperçu des rapports internationaux en présentant, comme une illustration de l'attitude des sujets des Sung (ou des Ming) devant les invasions barbares, le récit des controverses qui opposèrent en 1004 Wang Ch'in-jo, partisan d'un repli de la Cour devant les armées Kitan, et K'ou Chun, partisan d'une défense énergique assurée sous le contrôle personnel de l'empereur, et de même en 1449 Hsü Ch'eng (alias Hsü Yu-chen) et Yü Ch'ien [1].

Guerres de conquête ou guerre de défense, guerres contre les Kitan, les Tangut, les Jürčen et finalement les Mongols, le règne des Sung a été tout de son long jalonné par des faits d'armes heureux ou malheureux. Ainsi, sur 167 années de voisinage avec les Tangut, 54 ont été occupées par l'état de guerre, nous révèle M. Kyčanov. Le problème de l'armement occupe donc une place d'autant plus centrale que les progrès techniques avaient alors permis d'importants perfectionnements des armes de jet, comme le montre l'étude de M. S.Ja. Školjar, essentielle à la compréhension de l'histoire militaire de l'époque. Certes, quoi qu'on en ait prétendu, les armes à feu n'avaient pas encore fait leur apparition, et les propriétés explosives ou incendiaires de la poudre n'étaient utilisées que dans les projectiles et non dans le mécanisme de lancement. Pour celui-ci, les pierriers des 10e-11e siècles chinois mettent en œuvre non pas, comme dans l'Occident médiéval, la force de torsion de tendons animaux, mais la force de détente d'un levier flexible en bambou fixé sur un axe et maintenu plié en deux par des cordes — tous les raffinements techniques se portant sur le système d'appui, afin de diversifier les usages tactiques de l'arme.

En dehors des guerres contre les Barbares, les guerres intestines n'ont pas non plus épargné les Sung. Parmi les grands soulèvements populaires de l'époque dont il s'est fait l'historien [2], M. G.Ja. Smolin en a choisi un qu'il a étudié de près : le mouvement de la société secrète du *Mi-lê-chiao*, conduit au Hopei par Wang Tsê en 1047-1048. Ce premier article de M. Smolin paraissant dans une langue occidentale révélera au lecteur ne lisant pas le russe, outre un récit minutieusement détaillé, le point de vue d'un historien marxiste attentif à la présence des

---

Series, Indo Asian Literatures, vol. 74, New-Delhi, 1968, pp. 11-35, particulièrement p. 34.

1. Dans le même ordre d'idées, voir le récent article de Mlle Mary Ferenczy, « Chinese historiographer's views on Barbarian-Chinese relations, 14-16th centuries », *Acta Orientalia* (Budapest), XXI/3, 1968, pp. 353-362, sur l'évaluation des rapports entre Chinois et Barbares dans le *Sung-shih hsin-pien* et le *Sung-shih*.

2. *Cf.* par exemple son livre sur le soulèvement de Chung Hsiang et Yang Yao en 1130-1135 : *Krest'janskoe vosstanie v provincijakh Khunan i Khubej v* 1130-1135 *gg.*, Moscou, 1961.

petites gens dans le déroulement de l'histoire. Quant à M. I. Miyazaki, il ne fait qu'effleurer le grand soulèvement de Fang La (dont on connaît la description donnée par M. Kao Yu-kung) [1], mais il s'arrête sur celui de Sung Chiang, en 1119-1121, pour dénoncer l'imbroglio par lequel on confond traditionnellement deux personnages de même nom ayant agi simultanément : un Sung Chiang chef de bande, le futur héros du roman *Au bord de l'eau*, et un Sung Chiang officier dans l'armée de répression envoyée contre Fang La [2].

Les réformes de Wang An-shih, qui avaient longtemps fait l'objet des cours d'É. Balazs, sont citées ici, par M. T. Grimm, pour leur influence sur le système des examens locaux pratiqué entre 1100 et 1120, lors du retour en faveur du clan des « réformistes ». Les autres contributions concernant l'administration touchent de même aux institutions culturelles et morales du confucianisme : ainsi, M. C. Schirokauer montre, par l'exemple du Chu Hsi, quelle était l'action éthique, pédagogique, économique et judiciaire d'un pur confucéen lorsqu'il occupait un poste local et mettait toute sa vertu et tous ses talents au service des bonnes mœurs [3]. M. W. Eichhorn, lui, en traduisant un passage de l'*Histoire des Sung* qui décrit méticuleusement le fonctionnement du Département de rites après la réforme de l'ère yüan-fêng (1078-1085), donne une idée de l'organisation administrative des cérémonies et de l'étiquette portée, par les Sung du nord, à un rare degré de formalisme rigoureux [4].

L'histoire économique et commerciale — un des sujets favoris d'É. Balazs — est représentée ici par une carte des centres commerciaux, due à É. Balazs lui-même, et par une étude de M. S. Aoyama sur les transports fluviaux sud-nord à l'époque des Sung septentrionaux [5].

1. Dans *HJAS*, XXIV (1962-1963), pp. 17-63.

2. On trouvera une vue d'ensemble de M. Miyazaki sur l'histoire Sung, dont il est l'un des plus éminents spécialistes, dans son petit livre de vulgarisation *Sō to Gen* (" Sung et Yüan "), Sekai no rekishi, VI, 1961, et dans la collection en plusieurs tomes de ses articles intitulée *Ajiyashi kenkyū*, 4 volumes parus, Université de Kyōto, 1957-1964.

3. *Cf.*, dans la 2e série, une étude sur le tchouhisme par M. Chan Wing-tsit : « Chu Hsi's completion of Neo-Confucianism ».

4. *Cf.* aussi, dans la 2e série, la contribution de M. James T. C. Liu : « The Sung Emperors and the *Ming-t'ang* or Hall of Enlightment ». Signalons en outre, en rapport avec les problèmes administratifs ici évoqués, un article récent de M. Liu d'un grand intérêt : « The Sung views on the control of government clerks », *Journal of the Economic and Social History of the Orient* (cité *infra JESHO*), X/2-3, 1967, pp. 317-344.

5. *Cf.* aussi, dans la 2e série, la contribution de M. Kenneth Ch'en : « Manual labor in Chinese Buddhist monasteries ». Signalons à ce propos quelques récents articles en langues occidentales, tels que ceux de Robert Hartwell, « A cycle of economic change in imperial China : coal and iron in Northeast China (750-1350) », *JESHO*, X/1, 1967, pp. 102-159, et « The evolution of the early Northern Sung monetary system, AD 960-1025 », *Journal of the American Oriental Society*, 87/3, 1967, pp. 280-289, ou encore, de Lo Jung-pang, « Maritime commerce and its relation to the Sung navy », *JESHO*, XII/1, 1969, pp. 57-101.

Ce résumé d'une section du livre bien connu de l'auteur sur les voies de communication aux époques T'ang et Sung (en japonais, Tōkyō, 1963) présente un intérêt tout particulier pour les lecteurs qui ne peuvent utiliser le japonais, car il touche à maints problèmes essentiels. Il aide notamment à reconstituer le tracé des cours d'eau de la Chine du nord aux 10-12e siècles : on sait qu'un des obstacles majeurs qui s'oppose à une cartographie correcte de l'époque réside dans la turbulence d'un système fluvial au dessin incertain. Il concerne également les problèmes fiscaux les plus vitaux : celui de l'impôt en grain ou de sa conversion en une taxe en monnaie et en soie, celui du monopole du sel, etc. Lorsque la capitale et les nombreuses garnisons de la défense frontalière se trouvent en des zones peu productrices de denrées de première nécessité, la réglementation des signes monétaires et de la monnaie fiduciaire, l'alternative entre une économie de subsistance et une économie mercantiliste ne sont que des problèmes secondaires au regard de la difficulté la plus fondamentale : le transport du ravitaillement. Et celui-ci, de technique qu'il aurait dû être, se ramène finalement, comme toujours dans le régime mandarinal chinois, à des questions d'organisation administrative. Création et suppression d'offices, nomination ou démission de personnages en vue, concentration ou émiettement des pouvoirs ne sont en fait que l'enjeu des luttes d'intérêt qui opposent d'une part les factions politiques rivales — durant une brève période, au début des Sung septentrionaux, « satrapes locaux », selon le terme d'É. Balazs, et défenseurs du pouvoir central, plus tard « conservateurs » et « novateurs » — et, d'autre part, les groupes économiques — classe marchande, classe dirigeante, État.

Enfin, l'histoire urbaine et locale — sur laquelle É. Balazs songeait à revenir, nous semble-t-il, par de nouveaux travaux, depuis sa communication à la Société Jean Bodin en 1954[1] — est représentée ici par une bibliographie qu'il avait jadis établie pour ses étudiants, afin d'encourager d'éventuelles vocations. Elle est complétée par l'édition critique et la traduction du *Lan-p'ei lu* — le journal de route de Fan Ch'eng-ta chez les Chin en 1170 — entreprises par M. Dzo Ching-chuan sur la recommendation d'É. Balazs qui voyait dans ce texte un document plein d'enseignements pour l'histoire des agglomérations urbaines et de la vie en zone occupée par les Barbares.

Bien d'autres questions encore auraient sûrement été soulevées par É. Balazs dans son *Manuel de l'histoire des Song*, tel qu'il le projetait primitivement. On peut trouver, dans la dernière partie d'*Histoire et institutions de la Chine ancienne* (publiée à titre posthume, Paris, P.U.F., 1968), pp. 263-309, l'essentiel de ses vues les plus chères sur l'admi-

1. Réédité dans *La bureaucratie céleste*, *op. cit.*, pp. 206-218, et, en traduction anglaise, dans *Chinese civilization and bureaucracy*, *op. cit.*, pp. 66-78.

nistration et l'économie des Sung du nord. Bien d'autres thèmes aussi auraient pu être développés par ses premiers collaborateurs, si, depuis lors, la maladie ou des obligations diverses ne les avaient empêchés de se consacrer aux articles qu'ils pensaient donner au *Sung Project*. Et l'on ne peut manquer d'évoquer la mémoire du maître de l'histoire juridique chinoise, Niida Noboru (1904-1966), emporté lui aussi à l'âge de 58 ans, après avoir ouvert à la sinologie des voies nouvelles dont elle n'aura pas de si tôt achevé l'exploration [1]. Il nous avait promis, à l'automne 1965, au moment où il s'apprêtait à gagner l'Angleterre, quelques semaines avant sa dernière maladie, une synthèse du droit Sung et, en feuilletant sa grande collection d'études juridiques, *Chūgoku hōseishi kenkyū*, on se sent, ici encore, étreint de regret devant une si lourde perte.

Nous avons toutefois essayé de sauvegarder un des objectifs de Balazs : faire en sorte que ces *Études Song* puissent servir d'instrument de travail commode non seulement pour les sinologues, mais plus encore pour les comparatistes cherchant dans l'histoire chinoise des points de référence [2].

*

Nous tenons à remercier profondément tous ceux qui nous ont aidée : les collaborateurs au présent volume, qui ont supporté patiemment les retards de publication, M. le professeur Demiéville qui avec une générosité inlassable a bien voulu réviser plusieurs de nos traductions et nous guider de ses conseils, M. Donald Holzman qui a relu l'ensemble des contributions en langue anglaise et a suggéré nombre d'amendements, M. Michel Cartier qui nous a aimablement assistée dans des tâches matérielles. Enfin ce recueil n'aurait pu voir le jour sans l'intérêt constant que la VIe Section de l'École Pratique des Hautes Études a porté à sa réalisation.

Françoise Aubin

1. Voir le résumé très complet des diverses orientations de la recherche de Niida par M. Denis Twitchett, dans *Asia Major*, XIII/1-2, 1967, pp. 218-228.

2. Signalons ici un excellent petit recueil de rééditions d'articles, tous classiques, concernant les Sung, avec introduction et conseils de lectures : *Change in Sung China : Innovation or renovation?* Problems in Asian civilizations, James T.C. Liu et Peter J. Golas, ed., Lexington, Mass., D.C. Heath, & Co., 1969.

AVERTISSEMENT

Cette publication étant une contribution au *Sung Project*, nous avons repris les conventions et les abréviations choisies par Étienne Balazs, et nous avons, comme lui, adopté le bilinguisme. Pour simplifier la compilation de l'index, nous avons préféré suivre, à l'exemple de la *Revue Bibliographique de Sinologie*, un système de transcription unique, le système anglais Wade-Giles, plus connu du public non sinologue et plus maniable que le système *pingyin*.

Nous avons traduit nous-même les articles japonais (« Y a-t-il eu deux Sung Chiang? » de M. I. Miyazaki et « Le développement des transports fluviaux sous les Sung » de M. A. Sadao) et les articles russes suivants : « Les guerres entre les Sung du Nord et le Hsi-Hsia » de M. E.I. Kyčanov, « L'artillerie de jet à l'époque Sung » de M. S.A. Školjar. Quant à l'article de M. G.Ja. Smolin, « La révolte de la société secrète du Mi-lê-chiao conduite par Wang Tsê », nous l'avons traduit du russe en collaboration avec son auteur.

Nous avons employé le français pour tous les titres, sommaires, notes et indications blibliographiques que nous avons ajoutés aux articles des auteurs. Nos notes sont signées de nos initiales, alors que les notes de M. Demiéville sont signalées par les initiales (P.D.).

L'ensemble de la cartographie a été exécuté au Laboratoire de Cartographie de la VIe Section de l'École Pratique des Hautes Études, dirigé par M. Bertin : la carte des centres commerciaux de la Chine à la fin du XIe siècle avait été dressée sous la direction d'Étienne Balazs pour les *Annales* en 1957, les autres cartes sont dues à Mlle Récurat — le plan des voies de communication fluviale sous les Sung d'après un modèle établi par M. A. Sadao, les cartes illustrant les articles de MM. Kyčanov, Smolin et Dzo Ching-chuan d'après des modèles dressés par nous-même. Toutes les cartes ont été établies, comme le préconisait Étienne Balazs, sur le fond de la carte de John Bartholomew and Sons (Édimbourg) : *China, Mongolia and Korea*. Les identifications des villes

Sung, Liao et Chin ont été faites d'après les indications fournies par le [*Tokushi hōyo kiyō sakuin*] *Shina rekidai yōran* (*a*)* de Aoyama Sadao (*b*) (Tōkyō, 1933) et le *Chung-kuo ku-chin ti-ming ta-tzu tien* (*c*) de Ts'ang Li-ho (*d*) (Shanghai, 1930) ; le tracé approximatif du cours du Fleuve Jaune à l'époque Sung a été reconstitué grâce aux cartes de Aoyama Sadao dans son *Tō Sō jidai no kōtsū to jishi jizu no kenkyū* (*e*) (Tōkyō, 1963) et aux indications données par Ts'en Chung-mien (*f*) dans son *Huang-ho pien-ch'ien shih* (*g*) (Péking, 1957).

Les dates des personnages Sung ont été généralement données d'après Weng T'ung-wen, *Répertoire des dates des hommes célèbres des Song* (Matériaux pour le Manuel de l'histoire des Song, 4, Paris, Mouton, 1962), et la traduction des titres de fonctions d'après E.A. Kracke Jr., *Translation of Sung Civil Service Titles* (*ibid.*, 2, 1957) ou Chang Fu-jui, *Les fonctionnaires des Song, index des titres* (*ibid.*, 5, 1962).

F.A.

*

CARACTÈRES CHINOIS

(*a*) [讀史方輿紀要索引] 支那歷代地名要覽
(*b*) 青山定雄
(*c*) 中國古今地名大辭典
(*d*) 臧勵龢
(*e*) 唐宋時代の交通と地誌地圖の研究
(*f*) 岑仲勉
(*g*) 黃河變遷史

* Les lettres entre parenthèses et en italiques renvoient à la liste des caractères chinois qui figure *infra*.

DÉMOGRAPHIE

PING-TI HO
The University of Chicago

AN ESTIMATE OF THE TOTAL POPULATION OF SUNG-CHIN CHINA

Sommaire

*

Abréviations bibliographiques

(Les caractères chinois sont donnés *supra*, pp. 21-22.)

CS *Chin-shih* (Ch'ing Palace ed.).
HTCCP *Hsü Tzu-chih t'ung-chien ch'ang-pien* (Shih-chien shu-chü photographic reprint).
LS *Liao-shih.*
LSYC *Li-shih yen-chiu* (periodical).
SS *Sung-shih* (Ch'ing Palace ed.).
SYH *Sung Hui-yao chi-kao* (1957 Peking reprint, 8 vols.)

TCKC	*Ta Chin-kuo chih* (Sao-yeh shan-fang ed.).
TLTC	*Ta-lu tsa-chih* (periodical).
WHTK	*Wen-hsien t'ung-k'ao* (Comm. Press ed.).
YS	*Yüan-shih* (Ch'ing Palace ed.).

*

Fifteen years ago, when I began to work on the history of China's population, land returns, food crops, land utilization, and other related problems, I was fascinated as well as puzzled by the Sung household and " population " figures. Although the focus of my attention then was on the Ming-Ch'ing period, I hazarded a speculation in the end product of that long-term research, *Studies on the Population of China*, 1368-1953 [1], that shortly before the downfall of the Northern Sung dynasty in 1126 the national population of China may have reached the magnitude of 100,000,000. This impression has recently been strengthened by a reexamination of my previous notes on Sung population and especially by a fresh study of the treatises on military organization and on the system of population registration in the *CS*. We shall first discuss the Chin population figures, partly because they have not received the attention they deserve and partly because they provide a firmer ground for reconstructing the total population of China during the 12th and early 13th century.

I

It is always my belief that a prerequisite for an evaluation of the population figures of any given dynasty is to attempt to understand as fully as possible the institutional and administrative contexts of such population figures. Prior to an evaluation of the population figures of the Chin dynasty (1115-1234), therefore, it is necessary to analyze the following aspects of Chin institutions and administration that appear to me to have direct or indirect bearing on the Chin population figures.

First, from fragments in *CS* and from more systematic descriptions in the works by several members of official Sung missions dispatched to the original Chin territory in the upper Sungari valley in central Manchuria, it is clear that the Jürčen tribesmen lived mainly a sedentary life. They made their living primarily from agriculture and secondarily from fishing and hunting, which also provided them with opportunities for sport and for keeping up their physical and military prowess. With the exception of very sparsely populated localities on

1. Harvard University Press, 1959, pp. 264-265.

the central Manchurian prairie, the Jürčen husbandmen usually lived in *chai*, or enclosed wooden stockades[1]. The primarily sedentary and agricultural mode of life of the Jürčen, which differed from those of the mobile and nomadic Kitan and Mongols, accounted not only for their later relatively easy adjustment to the political, social, and economic conditions of north China but also for their more mature concepts of fiscal administration and population enumeration.

Second, for a proper evaluation of the Chin population figures it is even more important to study the organization of the Jürčen tribal state in the early 12th century. Treatise on the military system in the *CS* says :

" During the years of the rise of the Chin, the people of various tribes did not have compulsory labor service other than the fact that all male adults had to serve as soldiers. In peace time, the tribesmen were engaged in agriculture, fishing, archery, and hunting so as to become accustomed to physical toil. On the eve of war the grand chieftain issued orders to the tribesmen through designated messengers who called on each of the *po-chin* (leaders of various sub-tribes) asking for a universal conscription [of male adults]. The leader of each sub-tribe was called *po-chin*, but in time of war he was called either a *minggan* or a *muke* in accordance with the size and number of his followers. A *minggan* was a leader of 1,000 men and a *muke* was a leader of 100 men. ... At the beginning, the total number of warriors of the entire tribal nation was unfixed. By the second year after T'ai-tsu proclaimed himself the emperor of Chin [i.e., 1116)], ... for the first time he gave orders that 300 households should constitute a *muke* and 10 *muke* a *minggan*. Soon afterwards, he also conferred the titles of *minggan* and *muke* on the chiefs of other surrendered tribes in order to exert better control over them. "[2]

Although the principle that 10 *muke* should constitute a *minggan* was not always observed after the Chin conquest of north China, the *muke* always remained the most basic unit in Jürčen military and civil administration. It is important for our purpose to bear in mind that the *minggan-muke* was not merely a military organization but in reality an all-embracing system by which the entire early Chin state was politically, militarily, socially, and economically organized[3].

1. Yao Ts'ung-wu, *Tung-pei-shih lun-ts'ung*, Taipei, 1959, vol. II, pp. 31-40; Lin Jui-han, « Nü-chen ch'u-ch'i shih-ch'i chih chai-chü sheng-huo », *TLTC*, XII/11, 1957; Hsü Yü-hu, « Nü-chen chien-tu shang-ching shih-ch'i ti fêng-su », *TLTC*, IX/9, 1954. It ought to be pointed out that the more primitive Jürčen tribesmen of more northerly parts of Manchuria were, of course, hunters and fishermen, not farmers.

2. *CS*, 44/2 a-b.

3. Yanai Watari, « Kin no heisei ni kansurū kenkyū », in *Mōkōshi kenkyū*, Tōkyō, 1930; Mikami Tsugio, *Kindai joshin no kenkyū*, Tōkyō, 1937, pp. 127-556. Although these two specialists of the history of northeastern China have dealt with the various

This was why the *muke*, composed of 300 households, not only provided male adults for soldiery but also included the womenfolk, children of both sexes, and properties of all the constituent households. This was why in the early wars and campaigns the soldiers supplied their own equipments and needs.

One of remarkable features of the early Jürčen army was that the officers and men, though more often than not bearing no blood relationship, treated, each other like " fathers, sons, and brothers "[1]. These highly personal and intimate relationships between officers and men enabled them to know each other, their families and properties very well. With the Jürčen conquest of the steppe empire of Liao (907-1125) and of north China, the *minggan-muke* underwent successive expansion and began to adapt itself to the conditions of the newly conquered land. After 1145, when an increasing number of Jürčen army units began to carry out military colonization in the interior of north China and to intermingle constantly with the Chinese, the civil functions of the *minggan-muke* authorities grew. One of their civil functions was to conduct the triennial enumeration and registration of the entire *minggan-muke* populations, including slaves, under their respective jurisdictions. There is reason to believe that the inherent intimate relationships between officers and men and their families, together with the traditional Jürčen concept that everybody, male or female, adult or juvenile, belonged to the Jürčen state, was an important factor contributing to the fair degree of success in the censuses carried out in the Chin empire during the latter half of the 12th and the beginning of the 13th century.

Third, the system of organizing and enumerating the various surrendered and subjugated peoples should be briefly explained. The most formidable foe of the early Jürčen state was the Liao steppe empire, founded by the Kitan, which embraced nearly the entirety of present Manchuria and Inner Mongolia, parts of Outer Mongolia, north Korea, Russian maritime provinces, and the strategically important belt of northern Hopei and northern Shanhsi south of the Great Wall. Being fully aware of their own inferiority in numbers and resources, the Jürčen rulers took advantage of the internal dissensions and rebellions within the Liao empire and took every conceivable means to lure the

---

non-military aspects of the *minggan-muke* system, they do not explicitly regard it as a system by which the entire early Jürčen tribal state was organized. I have made this point explicit largely because of the similarity between the *minggan-muke* and the early eight-banner system created by Nurhači in 1601. The late Professor Mêng Shen, in his important article « Pa-ch'i chih-tu k'ao-shih », *Bulletin of the Institute of History and Philology* (*Academia Sinica*), VI/3, 1936, regards the eightbanner system as an all-embracing system by which to organize the entire early Manchu state.

1. *TCKC*, 36/3b.

Kitan generals and warriors. The surrendered and defeated Kitan army groups were organized into the *minggan-muke* system, with each Kitan *muke* comprising 130 Kitan households[1]. After the conquest of north China substantial numbers of Kitan served in the civil administration as well and during the reign of Prince Hai-ling (1149-1161) not a few Kitan were entrusted with vital central-government offices[2]. In 1161 Prince Hai-ling's relentless draft of able-bodied men of all ethnic groups, horses, and provisions for a full-scale invasion of Southern Sung precipitated civil wars and rebellions which led to his downfall. The Kitan garrison forces in the northwest, for fear that their womenfolk, old and young would be left unprotected against hostile nomadic tribes in case they were drafted for the southern expedition, rose up in rebellion. They were echoed by Kitan in other parts of the country. After the pacification of this serious Kitan rebellion in 1162 the new emperor Shih-tsung (1161-1189) carried out a persistent policy by which the Kitan forces were split up, relocated, and merged into the Jürčen *minggan-muke* system. By and large the Kitan were therefore enumerated and registered in exactly the same way as were the ruling Jürčen.

In the early years of the rise of Chin as a military power, substantial numbers of Chinese of southern Manchuria and of the Po-hai people, old natives of southern Manchuria, were organized into the *minggan-muke* system. There is no precise record on the number of households that constituted a Po-hai *muke*, but it is known that a Chinese *muke* consisted of 65 Chinese households. By 1124, when the Chin had already wrested most of the steppe empire from the Liao and was ready to chase the Sung out of the remainder of north China, the Chin court approved the proposal of an imperial prince that the formation of *muke* units by the Chinese and other surrendered peoples excluding the Kitan be discontinued[3]. There is evidence, however, that the Chinese and Po-hai *muke* units that had already been formed and were allowed to exist reached significant proportions. For during the expedition against Sung in 1127 there were full divisions of *minggan-muke* forces of 10,000 men each, under the command of *wan-hu* (literally commander of 10,000 households), which were made up exclusively of Chinese soldiers[4]. Further to enhance the Jürčen military command, an imperial decree of 1145 permanently forbade the heirs of Chinese and Po-hai *minggan-muke* officers from inheriting these offices, although there is reason to believe that there were exceptions to this general ruling[5].

1. *CS*, 44/2b.
2. Toyama Gunji, *Kinchōshi kenkyū*, Kyōto, 1964, pp. 76-88.
3. *CS*, 44/2b.
4. *Ibid.*, 3a.
5. Ch'en Shu, *Chin-shih shih-pu wu-chung*, Peking, 1960, p. 180.

In short, the Kitan who constituted numerically the second largest ethnic group among the subjugated peoples were merged into the Jürčen *minggan-muke* units after 1162. The Chinese and Po-hai *muke* units that had been formed in the early years continued their existence after the imperial decrees of 1124 and 1145. Since all the above groups constituted the broad multi-ethnic *minggan-muke* system, they were subjected to the standard *minggan-muke* system of enumeration and registration.

As to the remainder of the Chinese, who constituted the vast majority of the population of the polyglot Chin empire, an imperial order of 1124 stated that they and other conquered ethnic groups (except of course the Kitan and others who had already become part of the *minggan-muke* system) were to be under the jurisdiction of civil local authorities [1]. This ethnic-administrative dichotomy did not, however, result in a dichotomy in the system of population enumeration and registration. The reasons are not fare to seek. In the first place, from the beginning of the Chin dynasty, the *minggan-muke* system was the very core of Jürčen power and control. Much of the growth of the Chin empire was accounted for by the expansion of the *minggan-muke* system. Although circumstances made it necessary for the Chin government to control the bulk of the subjugated peoples through the instrumentality of civil local authorities, it nevertheless projected the *minggan-muke* concept and practice of population and property onto the civil administration. Second, the all-inclusive *minggan-muke* principle of population enumeration was in fact quite in keeping with those of such better-organized earlier Chinese dynasties as Han and T'ang. Third, what was more important was that the *minggan-muke* did not provide all the armed forces needed by the Chin empire. Throughout the Chin period there was need for auxiliary forces made up of Chinese and other ethnic groups. During Prince Hai-ling's expedition against Southern Sung in 1161, for example, virtually all able-bodied males of all ethnic groups were drafted into the service. With the increasing sinicization and degeneration of the *minggan-muke* forces the Chin government's needs for drafting non-Jürčen auxiliary armies became ever greater. The prerequisite for countrywide drafts of civilians for military service and of horses and provisions was an all-inclusive enumeration of the entire population and even property [2].

The principles, procedures, and administrative apparatuses for population enumeration and registration are described in detail in *CS* :

" The Chin system of population enumeration was that for both the

1. *CS*, 44/2b.
2. *Ibid.*, 3a-10b, and *ch.* 47, *passim*.

male and female sexes those under the age of two were classified as : *huang* (infants), those under the age of fifteen, *hsiao* (juveniles), those of the age sixteen, *chung* (literally " middle " or secondary adults), those reaching and above the age of seventeen, *ting* (adults), and those reaching and above the age of sixty, *lao* (elders). Those [females] who lost their husbands were classified as widowed wives and/or concubines. Those who were physically handicapped were not defined as adults. The head of a household should be its most senior [male] member. ... Each five households had originally been ordered to form a *pao*, ... but, after the adoption of the T'ang system in 1206, five households formed a *lin* and five *lin* formed a *pao* so that they checked upon each other.

In the walled cities and suburbs of imperial capitals, of superior-prefectural capitals, of prefectural capitals and of sub-prefectures, there were *fang-cheng* (overseers of urban wards). The villages organized themselves into *hsiang* in accordance with the numbers of households. [Each *hsiang*] had a *li-cheng* as its headman, whose duties were to enumerate the population, to collect taxes, to supervise labor services, and to promote agriculture and mulberry cultivation. A village with 300 households or more had four *chu-shou* (village headmen), a village with 200 households or more had three headmen, a village with 50 households or more had two headmen, and a village with less than 50 households had one headman. [It was the duty of] village headmen to assist the *li-cheng* (*hsiang* headman) to detect the unlawful. There were further *chuang-ting* (able-bodied male adults) to assist the village headmen in local policing.

As to the villages and stockades belonging to the *minggan-muke* system, 50 households or more had a *chai-shih* (stockade overseer), whose duties were the same as those of the village headmen [for the civilian population]. Buddhist monasteries and Taoist temples each had its *kang-shou* (abbot or warden).

The population registers were based on and revised according to the triennial enumerations. At the beginning of the first month [of each censal year] the local authorities ordered the *hsiang* and village headmen, and the *minggan-muke* authorities ordered the stockade overseers, to go to each household to require its head to report the names and ages of its male, female, elderly, and juvenile members. The newly born were to be added to, and the deceased to be taken out of [the previous registers]. The census results had to reach the county authority by the 20th day of the first month and the prefectural authority by the 20th day of the second month. Within ten days [of the receipt of population registers by the prefect] they had to be handed to higher authorities. Irrespective of the distance [of a prefecture from the imperial capital], all [population registers] had to reach the central-government ministry [of revenue] by the 20th day of the fourth month " [1].

No officially compiled history of any earlier or later dynatsy has given a more precise account of the official age-group definitions, the machineries for registering the military and civilian populations of both urban and rural areas, and the procedures and deadlines in the transmission of population registers from the lowest sub-county administrative units to the concerned central-government ministry. It may be true, as the famous historian Chao I (1727-1814) observed, that the *CS* is of superior quality than the *SS* and LS [2]. But outside of the *SS* the aggregate amount of Sung government documents and private works by Sung historians and scholars is infinitely greater than what is available for the study of Chin history. The very fact that the above acccount of the Chin system of population enumeration is unusually precise, as contrasted to the meagre and often ambiguous accounts on the Sung population enumeration system that modern scholars can cull from the voluminous official and private Sung works, may indeed reflect the Chin state's greater needs for and interests in getting at the total population figures. These needs and interests were no doubt accounted for at least in part by the nature of the organization of the early Chin state and its later expansion.

So much for the institutional and administrative aspects of the Chin system of population enumeration. Now let us analyze the abstracts of the extant Chin censuses. The *minggan-muke* census of 1183 and the national census of 1187 were carried out during the reign of Shih-tsung (1161-1189), which was a period of domestic and international peace, government retrenchment, national recuperation, and comparative prosperity. For this reason Chin Shih-tsung was regarded by contemporaries as Yao and Shun, both legendary ancient sage-kings, in miniature [3]. The second and third national censuses recorded in *CS* were carried out in the years 1195 and 1207 during the reign of Chang-tsung, when the Chin empire had passed its heydays but had yet to show signs of administrative chaos.

1. *Ibid.*, 46/5a-6a.
2. Chao I, *Nien-erh-shih tsa-chi* (Shih-chieh shu-chü ed.), pp. 372-75.
3. *CS*, 8/25-26a, final remarks on Shih-tsung.

Table I

THE MINGGAN-MUKE CENSUS of 1187 [1]

A. The Population of *Minggan-Muke* Proper
- Number of *Minggan* : 202
- Number of *Muke* : 1,878
- Number of Households : 615,624
- Total Population : 6,158-366
  - a. *Cheng-k'ou* (rank and file and their families) : 4,812,669
  - b. Slaves of both sexes : 1,345,967
- Properties :
  - a. Land cultivated : 169,038,000 *mu* plus
  - b. Oxen : 284,771 units of 3 head each, or 854,313 head [2]
- Average number of persons per household (rank and file) : 7.80
- Average number of persons per household (including slaves) : 10.00

B. The Population of Imperial Clan
- Number of Households : 170
- Total Population : 28,790
  - a. Imperial clansmen and their families : 982
  - b. Slaves of both sexes : 27,808
- Properties :
  - a. Land cultivated : 368,375 *mu*
  - b. Oxen : 304 units or 912 head
- Average number of persons per household (imperial clansmen) : 5.77
- Average number of persons per household (including slaves) : 163.50

C. The Population of Five *Chiu* Army Units of Tieh-la and T'ang-ku Tribes
- Number of Households : 5,585
- Total Population : 127,544
  - a. Rank and file and their families : 109,463
  - b. Slaves of both sexes : 18,081
- Properties :
  - a. Land cultivated : 602,417 *mu*
  - b. Oxen : 5,066 units or 15,192 head
- Average number of persons per household (rank and file) : 17.80
- Average number of persons per household (including slaves) : 22.90

The above census abstracts enable us to check only on the average sizes of various categories of households. As will be shown in section III, the average household during most other periods of Chinese history fluctuates within the narrow range of 5 and 6 persons. Excluding slaves, the largest Chin household is found in the five *chiu* army units which served as frontier garrisons. This group was numerically insignificant and its unusually large household may have been due to the survival of tribal communal living. The average *minggan-muke* house-

1. Sources for this table are *CS*, 44/6b and 46/8b-9a.
2. For definition of units of oxen and tax payment, see *CS*, 47/22a-23b.

hold, which comprised 7.80 persons excluding slaves, must not be regarded as the " natural family ". Several reasons appear to have inflated the size of the average *minggan-muke* household, even though the total population figure appears accurate. For one thing, in the early stage of the rise of the Chin state each *minggan-muke* soldier of the age 25 or above received an allotment of 404 *mu* of land, an amount which enabled him to support his family and to equip himself in time of war[1]. After the beginnings of *minggan-muke* military colonization from 1145 onward, land was allotted only to members of the rank and file. Although in the early stage the relatively small and tightly knit *minggan-muke* organization made fraudulent practice very difficult, it is likely that after 1145 when its rank and file intermingled permanently with the Chinese of the interior of north China both officers and men found it advantageous to include part of their slaves as *cheng-k'ou* in order to receive more land. Second, since wars and campaigns had taken the *minggan-muke* away from their central Manchuria home and since military colonization in north China was not instituted until 1145, considerable numbers of *minggan-muke* soldiers had become impoverished during this interim period of readjustment. An imperial decree of 1131 testified to the not unusual phenomenon for the impoverished *minggan-muke* soldiers to sell members of their families into slavery, with the result that such families comprised but two or three persons. The portion of the *minggan-muke* population that had been sold into slavery was redeemed by the imperial government, which further supplied the depleted *minggan-muke* households with slaves, in order to increase the size of such households to at least four persons[2]. It is clear, therefore, that the *cheng-k'ou* (the population of the *minggan-muke* and their families) actually included considerable numbers of slaves. Third, from 1141 onward the government began to subsidize and to pay the *minggan-muke* rank and file in cloth or money or both, a practice which became increasingly permanent and regular after the institution of *minggan-muke* military colonization in 1145[3]. It was again to the advantage of both officers and men to include some slaves as the *cheng-k'ou* of their households, a practice which was not strictly illegal in the light of the imperial decree of 1131.

The most accurate enumeration of the *minggan-muke* population was of course that of the imperial clansmen, whose births, deaths, and names were registered by the *ta-tsung-cheng fu*, or Grand Court of Imperial Clansmen's Affairs[4]. Although the average imperial clansmen's household comprised as many as 163.50 persons including slaves,

1. *Ibid.*, 47/22a.
2. *Ibid.*, 3/16a.
3. *Ibid.*, 44/15a-20a.
4. *Ibid.*, 56/18a.

it averaged but 5.77 members who constituted the " natural family ". This fact is a side indication that the average *minggan-muke* household was somewhat inflated in size by inclusion of some slave population.

Table II

THE CENSUSES OF THE TOTAL NATIONAL POPULATIONS [1]
(Military and civilian inclusive)

Year	Households	Population	Number of Persons per Household
1187	6,789,499	44,705,086	6.59
1195	7,223,400	48,490,400	6.71
1207 (A)	7,684,438	45,816,079	5.96
1207 (B)	8,413,164	53,532,151	6.33

Before we comment on Table II a textual problem about the census totals of 1207 ought to be briefly discussed. The household and population totals of 1207 (A) are based on *CS* main text, while the totals of 1207 (B) are based on *CS* accompanying note, which says : " As compared with the totals of 1187, the household number [of 1207] represents an increase of 1,623,715 and the population figure [of 1207] represents an increase of 8,827,065. " Since there is no textual discrepancy between the Ch'ing palace edition of *CS* used throughout the present study and the photographic reprint of the first Yüan edition of 1268 and the 1596 edition printed by the Ming northern imperial academy in Peking[2], there must have been some errors in the first Yüan edition of *CS* that have since been perpetuated. On the face of these two sets of 1207 figures, we find that set (A), showing an increase in households but a decline of more than two and a half million population, cannot be reconciled with the concluding remark in the main text that immediately follows the above two sets of figures. This important remark is : " These [household and population figures of 1207] are the highest ever registered during the Chin dynasty. " It would appear, therefore, that the 1207 (B) figures are more logical.

From the above totals, the population increase during the eight years between 1187 and 1195 was 8.46 percent and the increase during the twelve years between 1195 and 1207 was 10.4 percent. For the entire twenty years between 1187 and 1207 the increase was 19.7 percent, giving an average annual rate of growth of 0.9 of a percent, as compared to the average rate of growth of 0.87 percent during the

1. *Ibid.*, 46 /9a-10b.
2. The Po-na reprint of the 1268 ed., 46 /10a; the 1596 Peking imperial academy ed., 46 /10b.

period of improved population registration without noticeable regional omissions between 1779 and 1794[1].

The average size of the household for the entire population of the Chin empire, of which the Chinese constituted an overwhelming majority, is considerably larger than the household during most other periods of Chinese history. There are various reasons for the exaggeration of the average size of the Chin household, which is due to no fault of the Chin censuses themselves. For one thing, ever since the collapse of the system of state-land allotment from the middle of the 8th century onward there had been the rise of the institution of private ownership in land in the whole country of China. During most of the northern Sung period, when the Jürčen were still primitive farmers and hunters in central Manchuria, there was already every indication that the economic and social forces were working in favor of the rich and powerful and against the landowning peasants and small landlords[2]. The Chin conquest of north China accentuated rather than mitigated this trend. For another, in the course of the Jürčen conquest of north China in the 1120s many small Chinese peasant families lost their holdings or were broken up and forced into slavery. Subsequent drafts of men and provisions, the usually heavy fiscal burden, and natural calamities all hit hardest the segments of the Chinese population which had the least margin of reserve. Consequently, millions of Chinese small men either sold their children into slavery or they themselves sank to the status of *ch'ü* or *ch'ü-k'ou* (slaves). While there can be little doubt that most if not all of the 1,340,000 slaves owned by the *minggan-muke* households were Chinese, many more hapless Chinese had been compelled by circumstances to become either slaves of, or to live in a state of semi-dependence on, the powerful Chinese vested interests. Moreover, although from 1123 to practically the end of the Chin dynasty the Chin rulers issued a long series of decrees enabling the Chinese slaves to buy their freedom from their Jürčen and Chinese masters, few if any Chinese slaves could afford to pay the officially fixed prices for their redemption without positive help from the Chin government[3].

From our necessarily imperfect knowledge of the institutional, administrative, social, and economic factors explained above we may reach the following tentative conclusions. First, the fact that the average Chin household is considerably larger than the average household during other periods of Chinese history was accounted for by the inclu-

1. Ho Ping-ti, *Studies on the Population of China, 1368-1953*, p. 270.

2. Sudō Yoshiyuki, *Chūgoku tochi seidoshi kenkyū*, Tōkyō, 1954, chapter on Sung; and his *Sōdai kenryōkei to daitochi shoyū*, Tōkyō, 1950; Ch'i Hsia, *Wang An-shih pien-fa*, Peking, 1958; Sun Yü-t'ang, « Kuan-yü Pei-Sung fu-i chih-tu ti chi-kê wen-t'i », *LSYC*, 1964, N° 2.

3. For details, see *CS*, 46 /7b-11a.

sion of portions of the slave population in both Jürčen and Chinese households. Second, in comparing the Chin national household totals with those of other periods, we should be aware of the hidden downward bias in the former, which does not seem to have been caused by defects in the Chin system of household registration but by the peculiar circumstances of the time. Third, the Chin national population totals seem rather respectable and should provide a reasonably firm ground for reconstructing the population of the entire Chinese world during the 12th and early 13th century.

II

Although the extant Sung government documents, administrative statutes and directives, and various works by individual Sung officials and historians are voluminous, the net amount of Sung literature that sheds light on the Sung system of household and population registration is limited. Since this limited amount of literature relevant to the Sung population problem has been thoroughly examined by a number of Japanese historians, notably by Katō Shigeshi, Miyazaki Ichisada, and Sogabe Shizuo [1], we need only point out the peculiarities about Sung household and population figures.

For all the labor and effort of previous researchers on Sung population, we are still unable to know exactly what the official Sung definition for " population " was. The special chapter concerning the regulations on the compilation of household and population registers in the bulky and usually informative *SHY* is altogether a disappointment [2]. By far the earliest and least ambiguous definitions for age groups are found in an imperial decree of 963, barely three years after the Sung founder T'ai-tsu was proclaimed by his men as the new emperor when much of China outside the central area of north China remained to be brought under the jurisdiction of Sung. According to this decree, the compilation of household and population registers was the task of local authorities and wherever there had not been old registers the authorities of such localities were to compile new ones. The various age groups are defined in this decree as follows : " Those males who

1. The two studies on Sung population by Katō Shigeshi, are reprinted in his posthumous *Shina keizaishi kosho*, Tōkyō, 1953, vol II, pp. 317-337, 371-403; Miyazaki Ichisada, « Tokushi sakki », *Shirin*, XXI/1, 1936, pp. 152-158; Sogabe Shizuo, « Sōdai no shinteisen to koguchisu mondai », *Shakai keizai shigaku*, VIII/5, 1938. A comprehensive if somewhat uncritical study is Yüan Chen, « Sung-tai jen-k'ou », *LSYC*, 1957, N° 3.
2. Vol. VII, pp. 6337-6346.

reach the age of 20 are to be classified as *ting* (adults) and those who reach the age of 60 are to be classified as *lao* (aged); *nü-k'ou* (females) do not have to be enumareted. "[1] But for the great encyclopedist Ma Tuan-lin's paraphrasing of the last clause of the decree that " females are not included [in the registration] "[2], the term *nü-k'ou* could, in the light of the usages during other dynasties, mean either the female population only or the female population and the juvenile population of both sexes.

The Sung system of population classification and registration was greatly complicated by several factors which have been systematically discussed by Katō and others. In the first place, there is a fragment of household register of 985 in the documents unearthed by Sir Aurel Stein in the Kansu corridor which lists the names of the head of the household, his wife and his younger brother [3]. In the second place, an imperial decree of 995 ordered the local authorities to compile new registers in place of the old [4]. In the third place, a memoral dated 1171 suggested that in offering famine relief to the people the authorities should include the aged, the adults, and the juvenile population of both sexes and such numbers should be based on those in the existing registers. According to Katō, this implies that the existing or original registers included, at least in principle, the entire local population of all age groups and of both sexes [5]. Finally, the official figures of 1112 show that the sizes of the average households of various prefectures and of their counterparts in military administration constitute an unusually wide range from one person or less to as many as 12.8 persons. The 1183 edition of the history of the Fu-chou prefecture shows a county with only 0.5 person per household [6]. For these reasons Katō's final conclusion is that the Sung population registration should in principle include the entire population but in practice was greatly under-enumerated [7].

All students of Sung history concur with Katō on the gross under-enumeration of the Sung population. But the combined evidence given by him does not seem fully to warrant the conclusion that the principle of Sung population registration was the inclusion of the entire population. Outside of the single document in the Stein collection, we have not discovered in printed Sung works the format and contents of Sung household registers for other areas of the country. Our existing

1. *HTCCP*, 4/22a-22b.
2. *WHTK*, p. 113.
3. Katō, *op. cit.*, vol. II, p. 322.
4. *WHTK*, p. 113.
5. Katō, *op. cit.*, vol. II, p. 385.
6. *Ibid.*, pp. 373-80.
7. *Ibid.*, this opinion is repeatedly expressed, pp. 371-403.

knowledge does not enable us to say definitely as to whether that single document in the Stein collection was due to the survival of the old T'ang population registration system in a remote and isolated area like Kansu corridor or may be regarded as representative of the entire Sung empire. The imperial decree of 995, though ordering for a nationwide recompilation of household and population registers, does not say at all whether the new system of registration, if any, included the female and juvenile population. What may be implied in the memorial of 1171 is likewise too vague to positively establish Kato's conclusion that the principle of enumerating all age and sex groups of the population had been uniformly established in all the country. In fact, the most striking thing about the Sung system of population registration is the lack of any clear and consistent official definition and the lack of uniformity. From the average sizes of the households of various prefectures, the Sung population figures cannot be roughly equated with the adult-male population, the male population, or the " fiscal " population. For our reconstruction of the total Sung population the official figures must be completely cast aside.

On the other hand, I fully concur with Katō and others that the official Sung household returns are comparatively close to the truth. In sharp contrast to the total lack of clear definition for population, the household was consistently and periodically registered by local authorities throughout the Northern and the Southern Sung periods. The most important reason was that a nationwide household registration and gradation was a necessary requisite for allocating the onerous burden of compulsory labor services or of partially commutated labor services. The whole Sung fiscal system and its repeated abortive reforms need not concern us here. Suffice it to say that the fiscal burden fell on the adult-male population and on the household, the twin targets of taxation and labor services which bore close relationship to each other but which were not strictly identical.

There were two opposing factors which somewhat impair the accuracy of the Sung national household totals. First, there was the tendency, on the part of significant numbers of households of limited means in certain areas of the country, to surrender the title-deeds of their small parcels of land to a powerful local family and to merge themselves into an unusually large " household " under the latter's name. Moreover, although the division of ancestral property and the formation of small families was common in Sung time, the high fees exacted by local officials for registering the inheritance of divided ancestral property and the setting-up of separate families made many kinship groups to remain nominally a single super-household but to live actually separately as a number of families. These practices therefore helped to deflate the national household totals. Simultaneously, there was the tendency on the part of some rich and powerful households to split themselves into a number of fictitious small households, in order to reduce or escape the burden of taxation and labor services [1]. It is difficult to say as to whether these two opposing tendencies just about offset each other. But since the powerful and the rich households where numerically insignificant, as compared to households of small means which were forced by circumstances to seek the protection of influential local families, the Sung national household totals do not seem likely to have been greatly exaggerated. In any case, the Sung household figures are useful for reconstructing the total national population.

Although the Sung population figures are very much below the truth, for reference they are given together with the more useful household figures in the following table.

Table III

OFFICIAL SUNG NATIONAL HOUSEHOLDS AND POPULATION TOTALS [2]
(Sample years only)

Year	Households	Population	Number of Persons per Household
1109*	20,882,258	46,734,784	2.24
1160	11,375,733	19,229,008	1.70
1166	12,335,405	25,378,684	2.14
1173	11,849,328	26,720,724	2.26
1223	12,670,901**	28,320,095	2.24

* The year is based on *SHY* and the totals are derived from the increase of previous years. Same totals appear under the year 1110 in the *SS*.

** In *WHTK*, the total is 12,670, 801, which I have found to be erroneous. My figure is the sum-total of all prefectural brekdowns.

The 1109 totals represent the peak registration during the Northern Sung, when north China was not yet lost to the Jürčen. Not until 1159 do we find the first Southern Sung figures which, being obviously too defective, are not used. The 1223 figures are the last available ones for the Southern Sung period.

1. Katō, *op. cit.*, vol. II, pp. 387-400.
2. Sources for this table are *SHY*, vol. VII, pp. 6364-7370; *SS*, 85/2b; and *WHTK*, pp. 115-117.

III

In our attempt to reconstruct the total population of the Chinese world during the 12th and early 13th century we will use three different methods in the hope that the estimates separately arrived at will check upon each other.

First, we will use the simplest method of reconstruction based only on the 1109 national household total. Katō cited fairly extensively the estimates made by Sung officials and scholars on the average size of the household, which range from 5 to more than 10 persons[1]. Since this range is too wide to be really helpful, we shall consult household and population figures of other periods of Chinese history.

Table IV

REGISTERED HOUSEHOLDS AND POPULATIONS IN CHINESE HISTORY[2]

Year	Households	Population	Number of Persons per Household
2 A. D.	12,233,062	59,594,978	4.87
157	10,677,960	56,486,856	5.30
606	8,907,536	46,019,956	5.16
732	7,861,236	45,431,265	5.78
740	8,412,871	48,443,609	5.76
755	8,914,709	52,919,309	5.94
1109	20,882,258	46,734,784	2.24
1290	13,196,206	58,834,701	4.46
1393	10,652,789	60,545,812	5.68
1820 (14 provinces)	49,489,715	264,278,228	5.33

Our existing knowledge does not enable us to evaluate thoroughly each of the above sets of figures. Suffice it here to say that from my own knowledge those of 2 A.D., 1393, and 1820 are among the relatively trustworthy. The fiscal system in general, the poll tax on adults and juveniles, the nationwide military service, and the spirit and working of the Western Han local governments made the census

1. Katō, *op. cit.*, vol. II, pp. 382-83.
2. Sources for this table are *Han-shu* (edition with Wang Hsien-ch'ien's syncretic commentaries), special treatises, 28B/49b; *T'ung-tien* (Comm. Press ed.), pp. 39-41; *Chiu T'ang-shu* (Ch'ing palace ed.), 38/8a; *SHY*, vol. VII, pp. 6364-6365; *YS*, 58/1a-1b; and Ho Ping-ti, *Studies on the Population of China*, *op. cit.*, pp. 10 and 56.

of 2 A.D. the best among the pre-Sung censuses. Even its smaller than average household, which comprised of 4.87 persons, is well supported by Han observers who testified that the family was more or less nuclear and that the family ties were generally weak [1]. Up to 755 the T'ang system of population registration included the adults and juveniles of both sexes, although we need more research to estimate the portions of the households and population that for various reasons had escaped official enumerations. Considerably more is known about the Ming-Ch'ing system of and administrative machinery for population registration. To my knowledge, the figures for 1393 and 1820 are fairly close to the truth [2].

On the face of it, the average Chinese household appears to have been fairly small. Most pre-1949 sample surveys also show that the average Chinese family in the 20th century comprised about 5 persons. The general compatability of historical and modern figures may perhaps be explained by two major factors. First, the absence of primogeniture since Ch'in-Han times, with the corollary of more or less equal division of family property, has accounted for the setting-up of separate families by married brothers. The very fact that those kinship groups which consisted of various branches with members belonging to several generations and which shared property and lived together were invariably extolled by the imperial government and the elite indicates that they were fairly rare exceptions. In general, the family, rather than the kinship superstructure, always constitutes a unit of common consumption. Although households of upper social orders are known to have been large, they were numerically insignificant in any period of Chinese history. Second, since the peasants constituted the overwhelming majority of the Chinese nation in the past, the size of their families was limited primarily by their basic economic needs and by the fiscal burden they bore. If we adopt the lowest and most conservative of Sung estimates that the average household consisted of 5 persons, the total population of China, shortly before the Jürčen conquest of north China, would be in the neighborhood of 100,000,000.

Second, for the latter half of the 12th and early 13th century we shall use Chin population figures and Southern Sung household figures for reconstruction. It is true that the extent of the Chin empire is considerably larger than the north China under Northern Sung jurisdiction. But much of the territories formerly belonging to the Liao empire that was conquered by the Chin was rather sparsely popu-

1. See Ho Ping-ti, « An historian's view of the Chinese family system, » in *Man and Civilization : The Family's Search for Survival*, New York, 1965, pp. 17-19.

2. Ho Ping-ti, *Sudies on the Population of China, op. cit.*, chap. 1 and 4.

lated, with the exception of the strips of northern Hopei and northern Shanhsi south of the Great Wall, which were more densely populated by the Chinese. Even if we deduct four million, which is the best modern estimate of the total population of the Liao empire [1], the population of the remainder of the Chin empire was slightly more than 40,000,000 by 1187 and considerably more than 40,000,000 toward the turn of the 12th century. If we take the Southern Sung household total at the round number of 12,000,000 and the conservative average of 5 persons per household, the agreggate population of the areas roughly equivalent to Northern Sung China would be 100,000,000. If my textual emendation of the 1207 Chin census figures is correct, to which is added the population represented by the peak Southern Sung households of 12,670,901, the aggregate population of the Chinese world by the early 13th century, shortly before the Mongol conquest of north China, would be at least 110,000,000. This estimate is somewhat less conjectural than the first estimate based exclusively on the 1109 household totals because the Chin population figures are much firmer.

Third, for the sake of sheer argument, let us repudiate all the household totals as a direct basis, and use only the Chin population figures, for reconstruction. However inaccurate the late Northern Sung household and population totals might be as absolute figures, they are useful in reflecting certain fundamental features in the then economic and demographic geography. From the provincial breakdowns of the registered household and population figures of 1080, we find that both the household and the population totals of the areas roughly corresponding to the Southern Sung empire outnumbered those of the northern provinces by a ratio of more than two to one [2]. While keeping a healthy scepticism of this ratio between the northern and the southern populations, there can be little doubt about the long-range historical trend of the shift of the economic and demographic center of gravity steadily southward, since at least T'ang times [3]. With the exception of the narrow strip of land immediately south of the Ch'in-ling and Huai River demarcation, which served as Sung-Chin boundary and was occasionally militarily contested, the rest of the areas under Southern Sung enjoyed prolonged peace. The development of industry and crafts, the growth of trade in the vast Yangtzu region and further south, the flourishing state of foreign trade along the southeast coast, especially at the great port of Zayton (Ch'üan-chou, Fuchien), the inces-

1. Karl A. Wittfogel and Feng Chia-sheng, *History of Chinese Society : Liao* (907-1125), New York, 1949, pp. 52-58.

2. Ch'ien Mu, *Kuo-shih ta-kang*, Chungking, 1940, vol, II, pp. 512-14.

3. *Ibid.*, vol. II, ch. 38 to 40, *passim*. Also a more detailed study, Chang Chia-chü, *Liang-Sung ching-chi chung-hsin ti nan-i* (Wuhan, 1957), *passim*.

sant expansion of irrigation in the lowlands and valleys, the turning of lower and relatively well-watered hills into terraced paddies consequent upon the dissemination of an ever-increasing number of varieties of early-ripening rice [1] — all these, and much else, indicate that the southern half of China must have supported a population considerably larger than that of the Chin empire. Our relatively firm knowledge of a Chin population between 40,000,000 and 50,000,000, together with the factors pointed out above, would indicate an aggregate population in excess of 100,000,000 for the entire Chinese world during the late 12th and early 13th century.

Chicago
April, 1967

*

CARACTÈRES CHINOIS

1. Auteurs et ouvrages cités

Chang Chia-chü 張家駒，兩宋經濟重心的南移
Chao I 趙翼，廿二史劄記
Ch'en Shu 陳述，金史拾補五種
Ch'i Hsia 漆俠，王安石變法
Ch'ien Mu 錢穆，國史大綱
Chiu T'ang-shu 舊唐書
Han-shu 漢書 (comment by 王先謙)
Hsü Yü-hu 徐玉虎，女真建都上京時期的風俗
Katō Shigeshi 加藤繁，支那經濟史考證
Lin Jui-han 林瑞瀚，女真初起時期之寨居生活
Mêng Shen 孟森，八旗制度考實
Mikami Tsugio 三上次男，金代女真の研究
Miyazaki Ichisada 宮崎市定，讀史劄記 (in 史林 XXI/1)
Sogabe Shizuo 曾我部靜雄，宋代の身丁錢と戶口數問題 (in 社會經濟史學 VIII/5)

1. Ho Ping-ti, « Early-ripening rice in Chinese history », *Economic History Review*, 2nd Series, IX/2, December, 1956.

Sudō Yoshiyuki 周藤吉之，中國土地制度史研究

Id. 宋代官僚制と大土地所有

Sun Yü-t'ang 孫毓棠，關於北宋賦役制度的幾個問題

Sung-tai jen-k'ou 宋代人口

Toyama Gunji 外山軍治，金朝史研究

T'ung-tien 通典

Yanai Watari 箭内亙，金の兵制に關する研究 (in 蒙古史研究)

Yao Ts'ung-wu 姚從吾，東北史論叢

Yüan Chen 袁震

2. TERMES ET NOMS PROPRES

chai 寨
chai-shih 寨使
cheng-k'ou 正口
chiu 糺 Army
chu-shou 主首
chuang-ting 壯丁
chung 中
ch'ü 驅
ch'ü-k'ou 驅口
fang-cheng 坊正
hsiang 鄉
hsiao 小
huang 黃
kang-shou 綱首
lao 老
li-cheng 里正
lin 鄰
minggan 猛安
muke 謀克
nü-k'ou 女口
pao 保
po-chin 孛菫
Po-hai 渤海
ta-tsung-cheng fu 大宗正府
TANG-KU 唐古 (tribe)
TIEH-LA 迭剌 (tribe)
ting 丁
wan-hu 萬户

HISTOIRE DIPLOMATIQUE

HERBERT FRANKE
Universität München

TREATIES BETWEEN SUNG AND CHIN*

SOMMAIRE

*

* Les lettres entre parenthèses et en italiques renvoient à la liste des caractères chinois qui figure *infra*.
Le terme « county » traduit le chinois *hsien*. (F.A.)

Abréviations bibliographiques

Chung-hsing yü-wu lu, Pi-chi hsiao-shuo ta-kuan ed.; see *SK*, vol. II, p. 1150, and H. Franke in *Historians of China and Japan*, ed. by W.G. Beasley and E.G. Pulleyblank, London, 1961, p. 121.

CS	*Chin-shih*, Po-na-pen ed.
CTKC	*Ch'i-tan kuo-chih*, Wan-yu wen-k'u ed.
CYYL	*Chien-yen i-lai hsi-nien yao-lu* by Li Hsin-ch'uan (1166-1243), Ts'ung-shu chi-ch'eng ed. See *SK*, vol. I, pp. 1041-1042.
HTC	*Hsü Tzu-chih t'ung-chien*, Ssu-pu pei-yao ed.
HTCCP	*Hsü Tzu-chih t'ung-chien ch'ang-pien*, by Li Tao.
SBE	*Sacred Books of the East*
SCHP	*San-ch'ao pei-mêng hui-pien* by Hsü Mêng-hsin (1126-1207), Shih-hsüeh yen-chiu shê ed., 1939, 4 vols.; see *SK*, vol. II, pp. 1070-1071; E. Chavannes, *JA*, IX, 1897, pp. 387-388; P. Pelliot, *JA*, XI, 1913, p. 463.
SHY	*Sung Hui-yao*, Chung-hua shu-chü reprint, 1957 (8 vols.).
SK	*Ssu-ku ch'üan-shu tsung-mu t'i-yao*, Comm. Press ed. (4 vols.).
SS	*Sung-shih*, Po-na-pen ed.
TCKC	*Ta-Chin kuo-chih*, Basic Sinological Series ed.; see *SK*, vol. II, pp. 1098-1099, and *Index du Ta Kin kouo tche*, Peiping, 1949, pp. I-VII.
TFL	*Ta-Chin tiao-fa lu*, anonyme, Ssu-k'u shan-pen ts'ung-shu ed.; see *SK*, vol. II, pp. 1135-1136.
TP	*T'oung Pao.*

*

Much has been written and said about the sinocentric world-view and its implications in the international field. The concept of a "family of nations" into which China was gradually and reluctantly absorbed during the 19th century has been alien to Far Eastern civilization where a *jus gentium* originally did not exist and where, in theory, tributary relations were the only form of international intercourse [1]. In this context it might be useful to call attention to the fact that modern international law, with its inherent principle of the equality of states, is of comparatively recent origin even in Europe. The *Völkerrechtsgemeinschaft*, where mutual relations are based on law, at first, comprised only Christian states and excluded non-Christians as well as Christian "heretics". The Ottoman Empire, for example, was formally admitted to full equality under international law only as late as 1856 (Treaty of Paris). The time lag between China's modernization of her international relations and the origin of Western concepts of these relations is, therefore, not as large as it would seem at first glance. On the other hand, there are long periods in Chinese history where the

1. See Immanuel C.Y. Hsü, *Chin'as Entrance into the Family of Nations. The Diplomatic Phase 1858-1880*, Harvard University Press, 1960; also Mary C. Wright, *The Last Stand of Chinese Conservatism*, Stanford University Press, 1957, p. 222 ff. For a survey of early tributary relations see also John K. Fairbank and S.Y. Teng, « On the Chinese tributary System », in : *Ch'ing Administration*, Harvard University Press, 1960, pp. 107-218.

traditional All-under-Heaven ideology (" One sun in Heaven, one ruler on Earth ") was seriously challenged by political facts. It is perhaps significant that we find treaties as a means to formulate a jointly reached agreement on future political and commercial relations between China and her neighbours just in those periods when a plurality of states existed and China was no longer the only strong power in the Far East. In short, treaties were concluded when China could no longer impose her will upon neighbouring states. The mere fact that a treaty was concluded shows *a priori* a weakening of China's power and the existence of a multi-state or dual-state system.

The classical period of a multi-state system was, of course, the Ch'un-ch'iu and Chan-kuo period, and numerous studies have been published on the inter-state relations of that time. The bilateral or multilateral treaty is a product of that period, and all later treaties concluded by the Chinese emperors have been influenced by the precedents laid down in the *Tso-chuan* [1]. We shall see later how far even some passages in Sung treaties are still influenced by *Tso-chuan* phraseology. One important difference must, however, be noted in the beginning. In the West a treaty is usually a written instrument bearing the signatures, seals, etc., of two or more contracting parties (or of their plenipotentiaries). It is, moreover, a *pactum*, a more or less solemn *joint* declaration, sanctioned by a religious oath. The Chinese type of treaty is different insofar as it consists of two parallel unilateral declarations, sworn separately. " Treaty ", if the word is taken in the Western sense, is therefore, strictly speaking, a misnomer for the Chinese type. A treaty in form of one document signed, stamped or solemnized by the two contracting parties seems to have been the exception rather than the rule [2]. A consequence of this procedure is sometimes a

1. Henri Maspero, « Le serment dans la procédure judiciaire de la Chine Antique », *Mélanges Chinois et Bouddhiques*, III, 1934-35, pp. 256-317, is an authoritative study of the rôle of oaths in law suits. The rôle of oaths in interstate relations has been thoroughly studied by W.A.C.H. Dobson, «Some legal instrument of ancient China : the *ming* and the *meng*», in *Wen-lin, Studies in the Chinese Humanities*, 1968, pp. 269-282. A recent Japanese study of the multi-state system of Ancient China is Iriye Keishirō, *Chūgoku koten to kokusaihō* (Chinese Classics and Interstate Law), Seibundō, Tōkyō, 1966, to which should be added R.L. Walker, *The Multi-state System of Ancient China*, Hamden, Conn., 1953.

2. The Lhasa Treaty of 821-822 between T'ang and Tibet was made out in form of a single document on which both rulers had their seals impressed, *cf.* Fang-kuei Li, « The inscription of the Sino-Tibetan treaty of 821-822 », *TP*, XLIV, 1956, p. 57. In the Sung period this joint treaty type does not seem to have existed.

The Sino-Russian treaty of Nerčinsk (1689) followed the European type insofar as sealed copied of the text were exchanged. The Nerčinsk treaty, however, unlike the Lhasa treaty and the Sung treaties, does not contain a religious sanction or a sworn statement. *Cf.* the exhaustive study by W. Fuchs, « Der russisch-chinesische Vertrag von Nertschinsk vom Jahre 1689. Eine textkritische Untersuchung », *Monumenta Serica*, IV, 2, 1940, pp. 546-591.

difference in date : because the treaty consists of two parallel but formally independent solemn oaths, the oaths may be sworn on different days and, of course, at different places. The personal presence of the two rulers or even their representatives is not a necessary prerequisite. The formal conclusion of the treaty was, at least under the Sung, effected after copies of the separate oath-letters had been exchanged, a procedure which is quite close to the ratification as practised in modern international relations. It goes without saying that in East and West alike a treaty can also be concluded in less solemn forms, e.g., by an exchange of letters and even by an oral agreement. All these forms occur in China too, the formal sworn alliance (*mêng*) being reserved for peace treaties and other agreements of more than day-to-day importance.

The textual situation with regard to treaties is, however, very different in China from that of the West. In general, extremely few original documents have survived in China, much less than in Europe and the Near East. Historical research on China must for the greater part of China's past be based on literary sources and not on original documents. Diplomacy (*Urkundenlehre*) is an important ancillary field of study in European history but not in China. We have to be content with what the compilers of encyclopedias and historical works have copied and included. And even there we have no means to check if the text of a treaty has been copied integrally or not. As a rule we know the basic contents of a treaty but not its exact wording. This is true for the agreements between Han and Hsiung-nu but also for much later periods. Sometimes the text of a treaty was copied on stone, like the Sino-Tibetan treaty of 821-822 [1]. In this case we have a thoroughly reliable text. But a glance into the treaty section (*mêng-shih*) of the *Ts'ê-fu yuan-kuei* (*ch.* 981) suffices to show that even that encyclopedia never gives the full text of a treaty or sworn agreement. Still less satisfactory is the material contained in the relevant section of the *T'u-shu chi-ch'eng* (section *Chiao-i*, *ch.* 69 and 70). Here too, the *mêng-shih* chapters never contain a full text (except perhaps for the *Tso-chuan* quotations) and are disappointing for the Sung. This is remarkable because during the Sung period there existed a multi-state system for several centuries and many treaties were concluded between Sung, Liao, Chin and Hsi-Hsia. We must, therefore, turn to other sources which fortunately allow us to study Sung treaties in greater detail. These are, for the Northern Sung, the *Hsü Tzu-chih t'ung-chien ch'ang-pien* (hereafter *HTCCP*) and the *Ch'i-tan kuo-chih*

1. The excellent study by Fang-kuei Li (see p. 57, n. 2) provides ample details on the actual procedure of interstate treaties under the T'ang.

(hereafter *CTKC*) where one finds full versions of the treaties concluded between Sung and Liao, whereas both *Sung-shih* and *Liao-shih* do not contain the full texts but only mention the political contents. Of particular importance is the Shan-yüan treaty of 1005 which has recently been thoroughly studied [1]. This treaty between Sung and Liao became the prototype for all later Sung treaties with Liao as well as with Chin.

For the last years of Northern Sung and Southern Sung up to 1162 there exists an overwhelmingly large amount of material on diplomatic history. The *San-ch'ao pei-mêng hui-pien* (hereafter *SCHP* by Hsü Mêng-hsin, 1126-1207) is a voluminous work in 250 *chüan* compiled ca. 1190 describing in detail the diplomatic and military relations with the Chin from 1117 to 1162 and quoting from no less than 196 different works (not counting extracts from literary collections). The numerous state letters quoted in full are of particular interest. This careful compilation is paralleled by the *Chien-yen i-lai hsi-nien yao-lu* (hereafter *CYYL*) in 200 *ch.*, a general history covering the years from 1127 to 1162. Its author, Li Hsin-ch'uan (1166-1243), has been compared justly with the great historian Li Tao, author of the *HTCCP*. Both historians have used primary sources which are now lost and shown critical acumen in their works which must be regarded as masterpieces of Chinese historical scholarship [2]. The most important source for the years 1123-1127 is the *Ta Chin tiao-fa lu* (hereafter *TFL*), an anonymous collection of diplomatic correspondence between Sung and Chin which contains many items not to be found elsewhere [3]. Some letters in *TFL* have a fuller text than the version contained in *SCHP*. There are, however, a few letters preserved in *SCHP* which do not figure in *TFL*, particularly for the period 1123-1125. The treaties of 1123 and 1126 are also contained in the *Ta Chin kuo-chih* (hereafter *TCKC*), not however the later treaties concluded between the two states.

Altogether five major treaties have been formally concluded between Sung and Chin, i.e., those of 1123, 1126, 1141, 1165 and 1208. The text of the peace treaties of 1165 and 1208 does not seem to have been preserved integrally in any of the historical sources; we know only

1. Christian Schwarz-Schilling, *Der Friede von Shan-yüan (1005 n. Chr.). Ein Beitrag zur Geschichte der chinesischen Diplomatie* (Asiatische Forschungen Bd. 1), Wiesbaden, 1959. The treaty text is dealt with pp. 138-144. See also the corrections by A.F.P. Hulsewé in *TP*, 1960, pp. 468-470.

2. *Cf.* Étienne Balazs, in *Historians of China and Japan*, W. G. Beasley and E.G. Pulleyblank, eds., London, 1961, p. 90, n. 20. Balazs calls the great Sung historians : « critiques méticuleux et lucides ».

3. There are several editions of the *Tio-fa lu* ("Account of comfort [for the people] and attacks [on the criminals]"), the best one being those in Ssu-pu ts'ung-k'an, 3rd series, and Ssu-k'u shan-pen ts'ung-shu; the latter has been used here throughout. The Shou-shan ko edition is marred by the monstrous Ch'ien-lung orthography for Jürčen names and terms.

their basic contents from *Sung-shih* (hereafter *SS*) and *Chin-shih* (hereafter *CS*). This is because for the period following 1162 we have no annalistic or any other historical source which can be compared in fullness and accuracy with either *SCHP* or *CYYL*, or the *HTCCP*. A textual study of the Sung-Chin treaties is therefore confined to the three earlier treaties. As to the general historical situation for each treaty we can be very brief; any history of China will supply the details. The most thorough description of events in a Western language is to be found in O. Franke's *Geschichte des chinesischen Reiches*, vols. IV (1948) and V (1952). Among more recent works, attention should be drawn to the excellent book on Chin history by Toyama Gunji, *Kinchōshi kenkyū* (Kyōto, 1964), where the international situation and internal conditions of the Chin state are treated with great acumen.

The 1123 treaty was the final result of long negotiations which are fully described in *SCHP* and, based on the *SCHP*, also in the *HTCCP*. These negotiations started as early as 1116 when the emerging power of the Jürčen became a threat to the Liao state[1]. The Sung hoped to obtain the assistance of Chin in winning back the territory lost to the Kitan, particularly the province of Yen (Peking). The Chin state agreed to the return of the Yen province under Sung domination against the promise of Sung military assistance for the final annihilation of the Liao State. They moreover regarded themselves as the legal successors of Liao with regard to the annual payments (" tributes ") to Liao which had first been stipulated in the Shan-yüan treaty of 1005. In addition to these payments the Sung had to compensate the Chin for the land-tax income from the Yen province. Other points on which finally an agreement was reached concerned territorial integrity. In the case of rebellions no side was to resort to military actions in the border area without notifying the other side. The Sung oath-letter formalizing the final agreement has been preserved in several sources : *TFL*, vol. I, 6a-7a ; *SCHP*, vol. I, 132 ; *TCKC*, *ch.* 37, p. 281 ; *HTCCP*, 416 /15a-14b. All four versions are, apart from minor discrepancies, identical. A tentative translation, based on the *TFL* version, is given below.

Text of 1123 Sung oath-letter.

" Fifth year hsüan-ho, [cyclical] year *kuei-mao*, third month with *chia-yin* for the day of the new-moon, fourth day *ting-ssu*.

The oath-letter of the August Emperor of the Great Sung addressed

1. For a general account, see Otto Franke, *Geschichte des Chinesischen Reiches*, 5 vols., Berlin, 1930-1952, Vol. IV, pp. 198-203, and Toyama Gunji, *Kinchōshi kenkyū* University of Kyōto, 1964, pp. 12-13.

to the palace gate of the Great and Holy August Emperor of the Great Chin.

' He whom Heaven assists is observant [of what is right] ; he whom men assist is sincere. The individual here indicated treads the path of sincerity and desires to be observant [of what is right]. ' Hence, ' Help is given to him from Heaven. There will be good fortune, advantage in every respect.'[1]

Recently when the Great and Holy August Emperor of the Great Chin founded and promoted [his dynasty] and took the state of Liao completely into his possession, envoys were sent to confer on what had been absorbed during and after the Five Dynasties into the Yen territory of the Kitan. We are gratefully moved by your good intentions to cede to us, in particular Yenching together with [the prefectures of] Cho, I, T'an, Shun, Ching and Chi, their counties, and the population administered by them. As what formerly was the Liao state is now held by the Great Chin, the regular payments to the Kitan, i.e., 200,000 taels of silver and 300,000 bolts of silk will [be continued]. We will also send, annually, to the border [of the region] of the Southern Capital, one fifth or one sixth of the annual proceeds of the land-tax from Yenching, but only to the monetary value of 1,000,000 strings of cash, in commodities of an equivalent value. The kinds and the amounts [of the commodities] are mentioned in the state letters which we have exchanged in the past and more recently in settling our negotiations. In addition we shall contribute, 2,000 baskets of green alum every year.

The population on either side of the border shall not trespass on the other's [territory]. Neither side shall detain robbers and fugitives nor shall they secretly use spies or incite trouble among the border populations. If robbers are seized, each side will try them as criminals according to the laws of their respective dynasty and punish them accordingly. Even if they are not caught [instantly] they shall be pursued everywhere so that they can be held for restitution [2].

If, because of violent [armed] banditry or for some other reason, it is appropriate to raise troops, written information must be sent to the [other side's] authorities along the border. Both states will keep their border areas guarded. In the interior areas of both dynasties things will be as formerly. Roads shall not be closed, and if it happens that persons or envoys from distant parts and foreign countries are travelling to and fro, they shall not be restricted or hindered.

1. This introduction to the treaty content proper has been added later to the oath draft, *cf. HTCCP*, 416/15a. It is a verbatim quotation from *I-ching*, Hsi-tz'u I, 11 (ed. Kambun taikei, p. 27); the above translation is that of J. Legge, *The Yî King*, SBE, Oxford, 1882, p. 376.

2. I am not sure if the translation is correct for this passage. The text as given in *SCHP* has been used rather than the garbled version in *TFL*.

What is to be honoured are lasting good relations which shall be guaranteed for ten thousand generations. In case our side contravenes this treaty, Heaven and Earth will investigate this and the Gods will speedily send destruction, cutting off the descendants (of the offender) and overturning the altars of his state.

We have set this up especially for your information and without further notification respectfully make this clear. "

In the *TFL*, this text is followed by a short note, a post-scriptum on the weight of the payments due. This note seems to be incomplete because reference is made to " undermentioned commodities ". The text runs as follows :

" The undermentioned commodities have a monetary value of 987,240 strings of cash. These amount to a total weight of 259,500 pounds (*chin*), not counting coiled threads for silk gauze and brocade which cannot be divided into *fen* and taels (*liang*). This corresponds to 17,300 *ch'eng* steelyard loads. "

The exact amount of the payments was one of the many points of controversy between the contracting parties. *SCHP*, I, p. 141, contains a passage where the correct number of taels (*liang*) per load is disputed by the Chin shortly before handing over their oath-letter. This oath-letter is contained in the same sources as the Sung oath (*TFL*, vol. I, 8a-9a; *SCHP*, vol. I, 142-143; *TCKC*, *ch.* 37, p. 282; *HTCCP*, 416/21a-b). It should be mentioned that the *HTCCP* for both oath-letters is secondary because the original text is incomplete; the Hui-tsung reign is missing in the original and the relevant chapters have been supplied later on, based on sources such as *SCHP* and the *Sung-shih chi-shih pen-mo*.

Text of 1123 Chin oath-letter.

" [Seventh year t'ien-fu, [cyclical] year *kuei-mao*, fourth month with *chia-shen* for the day of the new moon, eighth day *hsin-mao*.

The August Emperor of the Great Chin sends a letter to the palace gate of the August Emperor of the Great Sung.] [1]

It is said that sincerity and righteousness are the great tools for seizing All-under-Heaven [2]. Through these one reaches the heart of the Gods [3] and removes evil from Heaven and Earth.

When, recently, the ruler of the Kitan state erred from the right

1. [ ] is missing in *TFL* but given in *SCHP*, *TCKC*, and also in *HTCCP*, 416/21a-b.

2. An allusion to *Hsün-tzu*, *Wang-pa*, ed. Kambun Taikei, p. 28 (*a*).

3. (*b*) seems to be modelled on the *I-ching* phrase (*c*) *Hsi-tz'u*, II, 2; Legge, pp. 382-383.

way and his people were thrown into the direst distress [1], we took energetic action and raised troops. Our task was punishment [2] [for the culprit] and comfort [for his people]. Your esteemed state sent envoys on the sea route in order to confer : ' If [we], in the future, take the Kitan state into our possession, we wish to give back the former territories of Yu and Yen. ' At that time we had already agreed. Now troops and horses under our personal leadership have arrived and the whole region of Yen with its walls and moats has surrendered without having been attacked. We then remembered our original wish to establish solid friendship. Therefore we shall especially hand over Yen-ching together with [the prefectures of] Cho, I, T'an, Shun, Ching and Chi, their counties, and the population administered by them, according to our treaty. We have now received a letter which came [from you and which reads as follows] :

' As what formerly was the Liao state is now held by the Great Chin, the regular payments to the Kitan, i.e. 200,000 taels of silver and 300,000 bolts of silk will [be continued]. We will also send, annually, to the border [of the region] of the Southern Capital, one fifth or one sixth of the annual proceeds of the land-tax from Yen-ching, but only to the monetary value of 1,000,000 strings of cash, in commodities of an equivalent value. The kinds and the amounts [of the commodities] are mentioned in the state letters which we have exchanged in the past and more recently in settling our negotiations. In addition we shall contribute 2,000 baskets of green alum every year.

The population on either side of the border shall not trespass on the other's [territory]. Neither side shall detain robbers and fugitives, nor shall they secretly use spies or incite trouble among the border populations. If robbers are seized, each side will try them as criminals according to the laws of their respective dynasty and punish them accordingly. Even if they are not caught [instantly] they shall be pursued everywhere so that they can be held for restitution.

If, because of violent [armed] banditry or for some other reason it is appropriate to raise troops, written information must be given to [the other side's] authorities along the border. Both sides will keep their border area guarded. In the interior areas of both dynasties things will be as formerly. Roads shall not be closed, and if it happens that persons or envoys from distant parts and foreign countries are travelling to and fro, they shall not be restricted or hindered.

What is to be honoured are lasting good relations which shall be

1. (*d*) is a quotation from the (spurious) *Shu-ching* chapter *Chung-hui chih kao*; Legge, Ch. CI, p. 178 : " and the people were [as if they were] fallen amid mire and charcoal ".

2. *TFL* (*e*), all other texts (*f*).

guaranteed for ten thousand generations. In case [our side] contravenes this treaty, Heaven and Earth will investigate this and the Gods will speedily send destruction, cutting off the descendants [of the offender] and overturning the altars of his state. '

It is our dynasty's wish to establish harmony among the ten thousand countries and to show the greatest faith and sincerity. Therefore we hand over the territory of Yen and join the sworn treaty. If [we] contravene this [treaty], Heaven and Earth will investigate this and the Gods will speedily destroy us so that our descendants will be cut off and the altars of the State be overturned. If a contravention is committed by the other side, all that we have agreed to in the sworn treaty shall be considered null and void.

[We have set up this especially for your information and without further notification respectfully make this clear.] [1] "

The historical situation of 1123 is fully reflected in the phraseology of the treaty oaths. Both states were, at that time, of equal power and prestige, and both had to gain from the agreement : the Sung won back territory had been lost to China for almost two centuries, and the Jürčen took the place of the Kitan as the beneficiaries of the annual Sung payments. Unpleasant terms like " tribute " (*kung*) are avoided. Equality exists also insofar as, unlike 1126, both oaths were sworn by the respective emperors. But, in spite of this diplomatic equality, the Sung government continued to call the Chin by derogatory terms in documents destined for internal use. The Chin are, for example, called *lu*, " caitiffs ", in the embassy report of Chao Liang-ssu who had done so much to bring about the final agreement (*SCHP*, vol. I, 121-123). This shows that the diplomatic politeness displayed not only in the treaty itself, but throughout the whole correspondence preceding and following it, was not quite sincere. The Sung court at heart continued to regard their partner as inferior and barbarian, and diplomatic equality was a temporary expedient employed only as long as the Sung government could not openly treat the Jürčen and, for that matter, all other states, as outer vassals (*wai-ch'en*), relegating them to a status of tribute bearers. Another general remark must be added here. The treaty itself, that is, the two identical oaths sworn by the two emperors, contains only the very essence of the agreement. Many important points, such as the demarcation of the borders,

1. [ ] not in *TFL*. This and the omission in the beginning of the letter (see p. 62, n. 1) show that the *TFL*, being a Chin source, gives a version of the draft of the oath-letter, not the final text as sent to the Sung. A parallel usage can be observed for the Sung sources like *SCHP* : there the incoming Chin letters are copied in full including date, etc., whereas of the Sung letters only the body of the letter has been included.

the terms of payment, and the ritual of normal diplomatic relations, were settled outside the treaty itself. As for the quantity and quality of the goods to be delivered, this is expressly stated in the treaty text itself, where reference is made to the diplomatic correspondence. This is a parallel to modern western usage where many points arising from a treaty are left to special agreements.

The form of the oaths is identical in both versions. They consist of:

1. Date,
2. Sender and addressee,
3. A declaration of general good will,
4. A short reference to the political situation, followed by the treaty content proper,
5. A solemn oath with a religious sanction in case of contravention,
6. A closing phrase in epistolary style.

The format of these oaths is closely modelled upon the Shan-yüan precedent. The treaty content proper in the Chin oath is almost verbally taken from the Sung oath, to which the Chin add their own oath. The officials who acted as bearers of the oath-letters or took part in the oath ceremonies are not mentioned, a marked difference with the Lhasa treaty where a list of all participating dignitaries is given. The 1126 Sung oath also mentions the appointment of a special envoy (see below).

The difference in date is about one month. The Sung oath is dated April 1st, the Chin oath May 5th. This length of time must be explained by the long distance which the envoys had to travel between the Sung and the Chin capitals. Each party uses its own reign-name, but the cyclical signs for the years and days are identical. The Jürčen state had no calendar system of its own but used the Chinese calendar. The *intitulatio* in both oath-letters is, as mentioned above, equal. Both states have the honorific *ta*, " Great ", added, and both rulers call themselves and are addressed as emperors, *huang-ti*. No terms of kinship are used, because the principle of equality was strictly followed, again unlike the 1126 Sung oath, or the Kitan oath-letter of 1042 where the Kitan emperor is styled as younger and the Sung emperor as elder brother, thereby implying a slight superiority on the part of the Sung[1]. Another difference to the Kitan oaths is that the Kitan oaths did not use the adopted designation " Liao " (ca. 938), while the Chin never call themselves " Jürčen " but " Chin ". Their chancery seems to have made a point of being called " Ta Chin " instead of " Ta Ju-chen ".

The declaration of general goodwill in the Sung letter is taken ver-

1. *Ch'i-tan kuo-chih*, ed. Wan-yu wen-k'u, *ch.* 20, pp. 147-148, and *SHY*, vol. 196, 5257/52 b-53a (vol. 8, p. 7699 of the Chung-hua shu-chü reprint in 8 vols.).

batim from the *I-ching*, and the parallel phrases in the Chin oath-letter also contain allusions to classical literature. It is practically certain that the Chin chancery was made up by Chinese or at least by sinicized Jürčen ; nothing in the wording of either the treaty or the whole correspondence preceding and following it suggests any degree of non-familiarity with the Chinese language or epistolary style. Chinese was the diplomatic language and it is by no means certain that a version of the treaty in the Jürčen language was made at all. Interpreters were used only for oral negotiations (numerous examples are to be fund in *SCHP*, e.g., vol. I, 57).

Regarding the actual treaty content, the text speaks for itself. The settlement of the payments, particularly the questions of the compensation for Yen land-tax, was the subject of a protracted and complicated diplomatic correspondence. The question of which prefectures should be ceded to the Sung, is treated in full in *SCHP*, vol. I, 102-104 (quoting Chao Liang-ssu's embassy report), the tax compensation to be paid to the Chin, *ibid.*, 117-118, 120-124. We learn from these texts (state letters exchanged between Sung and Chin confirming the results of oral negotiations) that the land-tax from the Yen province amounted in all to 5 or 6 millions of strings of cash out of which one million reached the capital (the remainder being used, we should add, for local purposes) (pp. 123-124)[1]. This explains the phrase in the treaty where the compensation is fixed at one fifth or one sixth of the total tax income from Yen province and evaluated at 1 million strings. This enormous sum could obviously not be paid in copper coins, because the transport problem would be too great. A conversion into silver and silk textiles was therefore agreed upon. The evaluation should follow the average price for goods of medium quality. The Chin made it a condition that the raw silk and brocade should be produced at a place other than Yen-ching, perhaps because the quality of textiles from more southern production centres was better. Silver and textiles were to be delivered annually in five instalments and handed over at the border of P'ing-chou *lu*. P'ing-chou is what the treaty texts call " the Southern Capital ". A further specification of the prices and values can be found in *SCHP*, vol. I, p. 122 : one bolt (*p'i*) of first class silk had the value of 5 strings (5,000 coins), second class silk 2 strings 500 coins, glossy (*jun-lo*) silk 4 strings, and dressed silk (*lien-chüan*), 2 strings. Other points discussed during the pre-treaty phase were the borders ; a demarcation was left to a future date. Not dealt with in the treaty

1. These passages are of importance for our knowledge of the Kitan tax system; see Wittfogel-Feng, *History of Chinese Society, Liao*, pp. 328-329, where these figures are fully discussed. The relevant passage in *SCHP* has been translated, *op. cit.*, p. 340, n. 48.

at all were the congratulatory embassies ; there the Chin wished to continue the practice of the Kitan period. The congratulatory envoys had to arrive at the border station (*kuan*) the day before New Year's Day ; congratulatory envoys to the Chin emperor's birthday were to present their presents on the 3rd day of the 10th month, whereas the Chin envoys for the corresponding Sung feasts [1] were to arrive according to the dates fixed for the former Kitan embassies. A last important point not dealt with in the treaty texts was foreign trade. There both parties agreed that authorized trading stations (*chüeh-ch'ang*) should follow the Kitan precedent, if it turned out to be too difficult to find more suitable places. In a letter dated 2nd month, 6th day (March 5th), the Sung informed the Chin of their agreement and their willingness to swear the oath (p. 127) and, on March 8th, the Chin agreed to join the treaty, announcing the draft of an oath-letter (p. 131).

The formulae for the oath in the 1123 oath-letters follows the 1005 treaty with the Kitan quite closely. The " spiritual intelligences " (*shen-ming*) invoked to punish the side who breaks the agreement, are a rather loose term for " gods " which occurs as early as the *Tso-chuan* as *ming-shen*, " intelligent spirits " (Hsi 28, Legge p. 211 ; Ch'eng 12, Legge p. 378). In the same way, Heaven and Earth are invoked to witness the oath in case of contravention. In all Sung oaths, only Heaven and Earth and the *shen-ming* are referred to for the religious sanction of the sworn treaty. In the Shan-yüan treaty oath the Sung will inform their ancestors and the Gods of the state (*shê-chi*) ; Heaven will punish in the case of contravention. The Kitan in their oath will inform Heaven and Earth, and the *shen-ming* will punish the violator of the treaty. The Kitan oath of 1042 does not contain an explicit oath formula but refers generally to the text of the 1005 treaty. In the 1123 treaty, both Sung and Chin state that Heaven and Earth will witness any violation of the treaty and that the *shen-ming* will punish the violator. In short, the religious background as expressed in the oaths was identical for Sung and Chin. No reference is to be found to traces of the original Jürčen religion, and no tribal rites were performed as it was still done by the Kitan [2]. This marks a strong rationalization in comparison with the Lhasa treaty of 821-822 where the oath formula has a distinctly Buddhist flavour and a greater solemnity [3]. There the Three Jewels (*san-pao*, Skr. Triratna) are invoked together with all the Saints, sun, moon and the stars. The Sung oaths are certainly less colourful than the 821 oath; not to mention the gods

1. The birthday of emperor Hui-tsung was November 11th, that of the Chin emperor T'ai-tsu (Aguda) August 1st.

2. For Kitan tribal rites in presence of Sung envoys see Schwarz-Schilling, *op. cit.*, pp. 151-152, and the literature quoted there.

3. Fang-kuei Li, *op. cit.*, pp. 41 and 62.

who were invoked in the *Tso-chuan* : the God of the Yellow River, the Great Streams, the Sun and the Bright Sun, the Spirits of the ancestors and former rulers [1].

Nothing is said in the 1123 oath-letters about the oath documents themselves. The 821 treaty states that the text of the oath is to be deposited in the royal treasury (*wang-k'u*). The Shan-yüan treaty does not contain a reference to the subsequent deposition of the documents, whereas the Kitan oath of 1042 states expressly that the oath document will be kept in the ancestral temple (*g*) and a copy of it in the office of the authorities (*h*) [2]. It should be mentioned here that at the time of the conclusion of the 1123 treaties, the Chin did not yet have an ancestral temple (*tsung-miao*). A temple for the deceased Chin T'ai-tsu was established in the 8th month of the year 1123 and a *tsung-miao* was founded in each capital ; the temple in the main capital was called *t'ai-miao* (*CS* 30/1a).

The closing formula, *pu-hsüan* " without further expatiation (notification) ", is the customary phrase used between correspondents of equal rank and is found in practically every letter exchanged between Sung and Chin.

The alliance between Sung and Chin did not last long. One of the chief factors which led to hostilities was the case of Chang Chüeh, a former Liao official residing in P'ing-chou, who, contrary to the agreement, declared himself and his prefecture to be subjects of the Sung empire [3]. It is well known how the Jürčen turned their armies southwards after they had annihilated the remnants of the Liao state and reached the Yellow River. The Sung capital was threatened and the government did whatever they could by concessions to the Jürčen in order to avert the imminent fall of K'ai-fêng. The Sung oath-letter of February 6 (or 7), 1126, marks the climax of a series of dramatic letters reflecting the frantic confusion in the capital and the military weakness of the Sung. The Jürčen army was under the command of Wo-li-pu, second son of Aguda, and all correspondence took place between the Sung emperor Ch'in-tsung and the Jürčen prince. The urgency of the situation did not permit correspondence with the Chin emperor in far-away Manchuria. The conditions under which the Jürčen agreed to withdraw their armies were severe : cession of the three prefectures of T'ai-yüan, Chung-shan, and Ho-chien, payment

1. See also Jos. Mullie, " Les formules du serment dans le Tso-tchouan ", *TP*, XXXVIII, 1948, pp. 43-74.

2. *CTKC*, 20, p. 148 and *SHY*, vol. VIII, p. 7699.

3. For a detailed description of Chang Chüeh's defection and the events leading to war, *cf.* O. Franke, *op. cit.*, vol. IV, pp. 204-212 and Toyama, *op. cit.*, pp. 17-18. Chang Chüeh has a biography in the section for traitors, *SS*, *ch.* 472.

of an enormous indemnity in addition to the annual payments, and the sending of an imperial prince to the Jürčen camp as hostage.

The text of the Sung oath-letter is preserved in *TFL*, vol. 1, 23b-24b ; *SCHP*, vol. I, 289-290 ; *TCKC, ch.* 37, pp. 282-283 ; *HTCCP*, 512/18b-19a. This latter version is, of course, secondary. The *TFL* version is the only one containing the list of subject matter (*shih-mu*), an appendix which forms an integral part of the Sung oath with its list of payments, etc. As in the case of the 1123 alliance, the agreement had been reached before the result was formalized in an oath-letter. But it becomes clear from the *TFL* that there existed two Sung oath-letters. The one delivered on February 5 was not considered satisfactory by the Chin commander, and a new oath was submitted by the Sung emperor on February 8. The *TFL* is the only source in which this revised version can be found (29b-31 a). A covering letter for this revised oath is dated February 8 (1st month, 15th day, 27a-28a). The earlier version must be considered as draft submitted to the Chin commander Wo-li-pu. This is clear also from the fact that the first version does not contain the full address, whereas the revised and final version has the complete, full address. A tentative translation of the two texts follows.

Text of 1126 *Sung oath letter, draft version.*

" In view of the fact that the Supreme Emperor (Hui-tsung) and the Great and Holy August Emperor (Aguda) have concluded a treaty [through envoys] travelling by sea, it has been our wish that it should last for ten thousand generations. Now, following an edict written by the emperor and addressed to Chang Chüeh in P'ing-shan, the latter has joined our side and has therefore become a fugitive rebel. The result is that our joyful covenant has turned into war and that subsequently the Great Chin has raised troops in several provinces. Now the young prince (Wo-li-pu), second son of the Great and Holy August Emperor, has reached as the first [of the generals], the walls of the capital (K'ai-fêng). As things have now come to this, even if we repent, what good would it do?

We have especially sent the *shu-mi yüan-shih* Li Cho [1], [the *shih-lang* in the ministry of works Cheng Wang-chih] [2], and others to proceed

1. According to the *Sung Ta-ch'en nien-piao* in *Erh-shih-wu shih pu-pien*, vol. VI, p. 7785, III, Li had been appointed as *t'ung-chih shu-mi yüan shih* in 1126, 1st month, and promoted to the office of *yu-ch'en* 3rd month, but was dismissed soon afterwards.

2. [ ] not in *SCHP*, *TCKC*. Cheng Wang-chih is the author of an account on his missions to the Chin which has been used by *SCHP*. *Cf.* also O. Franke, *op. cit.*, vol. V, p. 120.

in haste before the army in order to apologize for our fault and to ask for peace. On the 10th day of the 1st month (February 3rd) we have received the negotiating envoys Kao Yung-i[1], [Chang Yüan-kung][2] and others who have brought a letter proclaiming your greatest lenience and acknowledging purest sincerity ; in order to save living souls, a firm covenant and friendship will be concluded. This means benevolence and righteousness[3] which deeply moves us to grateful joy. Now we have warned our officials to observe the treaty in every respect.

The dutiful relation between the Supreme Emperor and the Great and Holy August Emperor of the Great Chin as well as the present August Emperor has been the same as between elder and younger brother. Now that your letter of state[4] has arrived, the old precedent of the Kitan shall be followed and the rites shall take place as between uncle and nephew.

It has already been agreed to evacuate [the land north of] Yellow River, but no border has been drawn. This border line ought to be drawn along the counties and garrison towns of the whole region controlled by T'ai-yüan, Chung-shan and Ho-chien [prefectures] and should be as it was before the Great Chin in the course of their advance established border garrisons. If in the interior there is any rebellion at any place, the court concerned will, of its own accord, take appropriate action to capture [the rebels], to punish or to extradite them. Even in the smallest territory and when only one single person is concerned, no orders will be given to trespass [the border] or to ask anyone to join [our side]. The troops in the prefectures (*chou*) south of the three prefectures (*fu*) to be ceded will be kept under tight control and will not be moved simultaneously.

Seasonal trade in both directions will be as it was when the former Liao were driven away. Those vagrants from the north [who turned south][5], and also rebels and fugitive officials, artisans, musicians and [others from] the Hundred Families must, according to their present number, all be sent back, with the exception of those who have originally not reached [Sung territory] or those who are already dead, those in the capital shall be sent first, those in the outer [province] immediately afterwards and not a single person shall be detained or hidden, injured or wronged.

Apart from the former payments of 2,000,000 taels [of silver and

1. Kao Yung-i (*TCKC* : Kao Yung) might be identical with the Kao Yün-shu mentioned in *CS* 3/4a and 60/7a as envoy to the Sung in 1124.

2. [ ] not in *TFL*.

3. *TFL* : high righteousness.

4. *SCHP* and *TCKC* : answering (*i*) letter; *TFL* : state (*j*) letter.

5. [ ] not in *SCHP* and *TCKC*.

300,000 bolts of silk, annual payments shall be made of 2,000,000 strings][1] to be converted into gold, silver, textiles and various other commodities, and definitely no raw or inferior [qualities will be paid] or the fixed date [of payment] neglected.

The sincerity of these words shall be as unchangeable as metal or stone. If this oath is violated, the Gods will destroy relentlessly, the altars of the state will be overturned, sons and grandsons will not present offerings.

All additional matters not treated fully herein and which are agreed upon shall be enacted according to the previously sworn oath-letter.

It is our far-reaching wish and manifest desire to keep this renew oath for ever.

[Today we have sent the [*t'ung-shih lang* and] provisional *chi-shih-chung* Li Yeh and the *yu* (*TCKC: tso*)-*wu ta-fu*, defence commissioner for K'ang-chou and *ko-men-shih* for Shen-hsi Kao Shih-tsê and appointed them as adjutant negotiation envoys.] [2]

Humbly we submit this to your brilliant investigation and make this respectfully clear.

List of subject matters.

The Imperial younger brother Prince K'ang, the Junior Steward and a department clerk will come for a personal visit in order to show our sincerity and friendship. We also beg to send in reply a reward to be distributed among the soldiers of the armies in Ho-pei and Ho-tung provinces. Commodities and letters are listed hereunder as follows :

5 letters (i.e., copies of the oath-letter),
5,000,000 taels of gold,
50,000,000 taels of silver,
1,000,000 bolts of outer garment textiles in various colours,
1,000,000 bolts of silk for inner garments,
Horses, cattle and mules, 10,000 each,
1,000 camels.

The above mentioned items are based on what is available within the town and will be taken from the palace precincts and the various offices as well as from the gentry and civilian population, Buddhist and Taoist monasteries, etc. We have already gone to the very roots and peeled off our skin [3] ; if this should not suffice it will be necessary

1. [ ] not in *SCHP* and *TCKC*.

2. [ ] not in *SCHP*. Li Yeh became later a chancellor of the puppet state of Ch'i under Liu Yü (ruled 1130-1137). Kao Shih-tsê has a short biography in *SS*, 464/17b-18b.

3. I read (*k*) for (*l*) of the text. The demands of the Jürčen as they appear in this appendix had been laid down in a letter from Wo-li-pu on February 2 nd (*TFL* 23a-b). They were called "rewards" for the army and regarded by the Chin as conditions for a peace agreement.

to extend the set time limit [for delivery]. As to the troops in the prefectures and counties of Ho-pei and those in the prefectures of other provinces, [the deliveries] will be raised and sent to them. "

Text of 1126 Sung oath letter, final version (*TFL*, 29*b*-31*a*).

" First year ching-k'ang, first month, fifteenth day. The nephew, the August Emperor of the Great Sung [Chao] Huan, sends a letter to the palace gate of his uncle, the August Emperor of the Great Chin.

In former days the Supreme Emperor sent envoys who crossed the ocean and concluded a treaty, asking that the former territory of and Yu and Yen be given back [to us]. Subsequently an oath-letter was written. But within less than a month an edict written by the emperor addressed to Chang Chüeh in P'ing-shan caused him to join our side and he therefore became a fugitive rebel; the annual delivery of goods was not effected at the fixed time. For the New Year we have sent Ho Yün-chung [1] to transmit a few words [to you, from us]. Since then our uncle the August Emperor of the Great Chin has dispatched from afar in several provinces a heavy army which has entered our territory and seen our offence. The Supreme Emperor (Hui-tsung) has scrutinized his former faults and handed over the divine regalia. It happened that the second son of the Great and Holy August Emperor, the young prince (Wo-li-pu) was the first to reach the walls of our capital with his provincial troops.

Thereupon we specially dispatched the *shu-mi-yüan-shih* Li Cho and the *shih-lang* in the ministry of works Cheng Wang-chih to proceed in haste in front of the army and to present the Supreme Emperor's apologies for his faults and his personal remorse, to proclaim peace and to ask for a covenant. We then received a note through the envoys that had been sent by the second young prince. At the very day that his proclamation with its benevolent edict arrived, our remorse was deepened and we again asked for a joyful peace. We shall proceed immediately to take appropriate action and to put [our intention] into effect at a banquet.

Now it has already been agreed and fixed that the border ought to be drawn south [of the prefectures] of Chung-shan, T'aï-yüan and Ho-chien, the whole region with the counties and garrison towns controlled [by the 3 prefectures] to be taken as northern prefectures and military

1. Ho Yün-chung might possibly be identical with the Sung *ts'an-chih cheng-shih* Ho Yün-chung who was appointed as envoy to the Chin in 1159 and returned in 1160, warning against impending military actions of the Chin. See *SS*, 31/17b and 31/19 b; *CS*, 60-31a. The length of time separating the two events is rather great, but Ho Yün-chung must have been quite old in 1159-60 because he was pensioned in 1164 (*SS*, 33/15b).

districts. There are special geographical maps showing [the situation] before [the Chin] arrived and established border garrisons.

If in the interior there is any rebellion at any place, the court concerned will of its own accord take appropriate action to capture [the rebels], to punish or extradite them. Later on, even in the smallest territory and if only one single person is concerned, no orders shall be given to trespass or to ask for joining [our side].

As to [the territory] south of these three prefectures, they shall be kept under tight control [and troops] not be moved simultaneously. Seasonal trade in both directions will be based on the state-letters exchanged between uncle and nephew and accordingly be set into effect.

Also all officials, clerks, Buddhist and Taoist monks, musicians, artisans and [people from the] Hundred Families, must all be sent back, with the exception of those who have originally not reached [Sung territory] or those who have died later on. Those in the capital shall be sent first, those in the outer [provinces] immediately afterwards and not a single [person] shall be detained or hidden.

Because of the evacuation of the territories of Ho-pei and Ho-tung [by the Chin], 300,000 taels of silver, 300,000 bolts of silk and 1,000,000 strings of coins shall be sent every year ; these latter to be converted into gold, silver, textiles and various other commodities and as formerly no raw or inferior [qualities will be given] or the fixed date [of payment] neglected.

In order to reciprocate your heavy favours, a new friendship is concluded. The sincerity of these words shall be as unchangeable as metal or stone. If this covenant is violated, Heaven and Earth will investigate this, the Gods will destroy relentlessly, the altars of the state will be overturned, sons and grandsons not present offerings.

All additional matters not treated fully herein and which are agreed upon, shall be enacted according to the previously sworn oath-letter.

Humbly we submit this to your holy intelligence and forever shall keep this renewed oath. If this meets with your approval, we shall be waiting for a word in return.

We have sent to act as bearers of the oath-letter and envoy, Shen Hui[1], *t'ung-chih-lang* and provisional *chi-shih-chung*, *k'ai-kuo* baron of Wen-an county with emoluments of [proceeds from] 300 households, holder of the purple and golden fishbag, and, as adjutant envoy with state-letters Wang Chung-t'ung, *yu-wu ta-fu*, defence commissioner of K'ang-chou, *k'ai-kuo* baron of Wu-kung county with emoluments of [proceeds from] 300 families.

1. Shen Hui has a biography in *SC*, 378/11b-13b where his mission to the Chin is mentioned briefly (p. 11b). On Wang Chung-t'ung no details could be found.

There are a few presents listed in a separate scroll. [The envoys] have especially received this letter for making it known [to you]. Without further notification we make this clear. "

Even at a first glance the desperate situation of the Sung is made clear by the wording of both documents. They were " treaties imposed beneath the city walls " (*m*) in the strict sense of the phrase. Such treaties were regarded in Chinese antiquity as the acme of humiliation[1] (*n*) and near to unconditional surrender. Furthermore the final version shows still more self-humiliating terms and conditions than the draft, beginning with the very address. Here the Sung emperor has styled himself as nephew, using his personal name, and the Chin emperor as elder uncle as proposed in the draft. The adoption of these terms in the final version shows that the Chin have insisted on including this ackowledgement into the final text. The history of the earlier treaty of 1123 is alluded to in both versions but the final version leaves out the participation of the Chin and describes the 1123 treaty as due solely to the activities of the Sung emperor; the dethronement of Hui-tsung is mentioned in the final version only, as is one of the reasons for the hostilities, the failure to pay the annual tribute. The final version shows stronger terms of apology on the part of the Sung ruler : " apologize for our fault and to ask for peace " has been changed to " present the Supreme Emperor's apologies for his fault and his personal remorse, to proclaim peace and to ask for a covenant ". This phrasing is certainly intended to underline the personal responsibility of Hui-tsung. The allusion to a banquet is a euphemism for the reception to be given to the Sung hostages. As far as the treaty content proper is concerned, the final text contains a less direct mention of the Jürčen concession, that, is, evacuation of the territory north of the Yellow River. The final version mentions this only as the formal reason for increased Sung payments. The annual payments — they are not formally called "tribute", but they were — differ. The earlier text has 200,000 taels of silver, 300,000 bolts of silk and 2 million strings of coins. The final text shows an increase in silver payments (300,000 taels) and 1 million strings only. It seems that the Chin wanted to increase the relative proportion of silver within the total amount of payments. This concerns, however, only the annual deliveries — the " list of subject matter " appended to the draft text in TFL mentions sums which seem incredibly high. If the text is correct, the silver extortion alone would amount to an equivalent of more than 180 years of regular tribute. Although it remains a fact that silver production increased

1. *Tso-chuan*, Huan 12, ed. Kambun taikei, *ch.* 2, p. 69, commentary. See also the pertinent remarks by W.A.C.H. Dobson, *op. cit.*, pp. 11-12.

considerably under the Sung[1], this indemnity of 1126 proved to be a crushing burden not only for the Sung treasury, but also for the population of the capital.

For the border question only the final text mentions maps for delimitation. The " border garrisons " of the Chin are the advancing armies of Wo-li-pu. In the passage on the repatriation of northerners the second text adds " Buddist and Taoist monks " and " clerks " to the list of the draft. The names of envoys differ too; Shen Hui was the bearer of the oath-letter. This is also confirmed by *CS*, 60/9b, where it is recorded that Shen Hui presented the Sung oath-letter together with the maps of the three prefectures. Finally the two oath texts differ in some epistolary phrases. At the end of the letters the earlier text reads " brilliant investigation " where the final text has " holy intelligence ", which is definitely a much stronger wording. The oath formulae proper have remained the same in both versions. They invoke the Gods (*shen*) who will destoy the violator of the oath. The phrase *pu hsiang*, which I have translated by " not present offerings ", could also be translated " will not enjoy [the government of the state] " in allusion to *Tso-chuan*, Huan 1 (ed. Kambun taikei, *ch.* 2, p. 2) where the text reads (*o*) (Legge, p. 36 : " May he who departs from this covenant not enjoy his state! ").

The humiliating oath of the Sung ruler was not reciprocated by an oath sworn by the Chin ruler himself. The gracious acceptance of the Sung terms had been expressed earlier in a letter by the Jürčen commander Wo-li-pu. This letter, even though it contains an oath formula, cannot be considered as a strict parallel to the Sung oath. The answer of the Jürčen prince is recorded in the usual sources. These are, apart from the *HTCCP*, *TFL*, vol. I, 25a-26b; *SCHP*, vol. I, 293; *TCKC*, *ch.* 37, p. 284. The only full text is given by *TFL*, whereas the other sources have a much shortened version. Wo-li-pu's letter is called a memorial (*tsou*) and uses, like all his other letters to the Sung emperor, polite phraseology. In his correspondence if not in his actions, the Jürčen commander spared the Sung the last humiliation. He even uses, speaking of himself, the customary word " prostrate " (*fu*) towards the Sung emperor. It should also be noted that Wo-li-pu answers the Sung oath without mentioning the Chin emperor. Wo-li-pu's letter, altough it is styled as a memorial addressed by an inferior to his ruler, is in fact an oath letter showing the usual features of such oaths as used between equals. After a few phrases indicating the gra-

1. L.S. Yang, *Money and Credit in China*, Harvard University Press, 1952, pp. 44-45; see also Katō Shigeshi, *Shina keizaishi kōchō*, Tōkyō, 1953, vol. II, pp. 106-164, for the role of silver in Southern Sung economy.

cious acceptance of the Sung terms, the treaty contents from the draft version of the Sung oath letter to which the Jürčen commander joins his own oath, are repeated almost verbatim. The formula is almost identical with the *Tso-chuan* phrase in Ch'en 12 (*ed cit.*, ch. 13, p. 6) (*p*); Legge, p. 378 : " ... may the intelligent Spirits destroy him causing defeat to his armies...! "

The diplomatic events of the fateful days in early February 1126, can be summarized as follows according to the chronological table in *CS*, 60 /9a - 10 b [1] :

February 1	Li Cho presents a letter of the Sung emperor asking for peace.
February 2	Wo-li-pu declares his willingness to accept the peace offer and formulates his demands.
February 5	Prince K'ang and Chang Pang-ch'ang arrive in the Chin camp as hostages; Li Yeh brings the draft of the Sung oath-letter.
February 6 or 7	Wo-li-pu answers to Sung draft oath and asks for amendments.
February 8	Shen Hui brings the revised version of the Sung emperor's oath.
February 10	The Chin armies lift the siege of the Sung capital.

This peace treaty of 1126, if we may call it that, lasted for a still shorter period than the 1123 agreement. The hostilities again flared up and led to the eventual conquest of K'ai-fêng (January 9th, 1127) and to the end of the Northern Sung dynasty. Attempts from both sides to come to terms in 1139 remained abortive [2]. A more durable peace came only in 1141 /2 when the chief advocate of coexistence, Ch'in Kuei, had eliminated Yüeh Fei and obtained the consent of the Chin for a cessation of hostilities, though the conditions imposed by the Chin were severe [3]. The Huai river became the border between the two states, the annual tribute was fixed at 250,000 taels of silver and 250,000 bolts of silk, and the Sung had to declare themselves vassals of the Chin. In return the Chin promised to send back the coffins of Hui-tsung, who had died in 1135, and of his empress and the mother of the emperor. Another result of the treaty was the resumption of normal trade relations. The most important source for the diplomatic correspondence preceding and following the actual treaty is a lost

1. The biography of Wo-li-pu in *CS*, 74 B, contains a full account of his part in the attack against Sung and of the negotiations.

2. The negotiations are described by Toyama, pp. 30-31.

3. For a detailed account of events see O. Franke, *op. cit.*, vol. IV, pp. 234-237, and Toyama, *op. cit.*, pp. 33-34 and 358-374. The crucial rôle of Yüeh Fei is the subject of a recent study by Hellmut Wilhelm, " From myth to myth : the case of Yüeh Fei's biography ", in : *Confucian Personalities*, A.F. Wright and D.C. Twitchett, eds., Stanford University Press, 1962, pp. 146-161.

work by Ming T'ing-chieh, the *Shao-hsing chiang-ho lu*. This " Account of the Peace Negotiations of the Shao-hsing Era " is listed in the bibliography of works used by the *SCHP*, and expressly quoted in many passages of *CYYL*. Ming has, in addition to this work, written several others also dealing with events of the 1130s and the 1140s (see *SCTP* bibliography, p. 3). It should be noted that the correspondence between Sung and Chin covers the period between the ninth month of 1141 and the ninth month of 1142. The dates in *SCHP* and *CYYL* differ sometimes; the respective compilers have recorded them under different dates. As a rule only the Chin documents carry a date in the body of the letter. This could be explained by the fact that the Sung archivists have recorded only the draft copies before their dispatch to the Chin (*cf.* p. 64, n. 1). Here is a list of the letters exchanged :

No.	Remarks	Date (Western)	*SCHP*, vol. IV	*CYYL*
1	« Letter 1 » from Chin	Oct. 21, 1141	p. 136	p. 2274-2275
2	Sung reply	Oct. 24	136-7	2276-2277
3	« Letter 2 » from Chin	Nov. 10	139	2281
4	Sung reply	Nov. 17	139-140	2283
5	« Letter 3 » from Chin (actually 2 letters)	Dec. 6	140-141	2288
6	Sung reply	Dec. 22	not in *SC*	2292
7	« Letter 4 » from Chin	Jan. 9, 1142	153	2296-2297
8	Sung reply	Jan. 9	154	2297
9	Sung letter	April 11 (*SC*) April 15 (*CY*)	156	2316
10	« Letter 6 » from Chin	May 29 (*SC*) June 18 (*CY*)	156-157	2328
11	Sung reply	July 2	157-158	2230-2231
12	Sung letter	July 6 (*SC*) July 12 (*CY*)	159	2332
13	« Letter 7 » from Chin	August 23	159-161	2338
14	Sung reply	1142/VIII	not in *SC*	2351
15	Another Sung letter	Oct. 2	161-162	2354-2355

The total number of letters from the Chin contained in the *Shao-hsing chiang-ho lu* was ten; three were letters from the Chin emperor Hsi-tsung (1135-1149) and seven from his uncle, the commander Wan-yen Tsung-pi (Jürčen name : Wu-chu, the fourth son of Aguda; see *CYYL* p. 2356). It seems that not all these letters were quoted by *SCHP* and *CYYL*. It is also surprising that, altough the Chin letters are numbered, letter N° 5 is missing both in *SCHP* and *CYYL*. A tentative explanation will be given below. But the text of the oath-letters of Sung and Chin is missing from both sources. Only an abbreviated version (*chieh-wen*) of the Sung oath has been preserved in *CYYL*, pp. 2292-2293 under the date of December 25, 1141, but not the actual oath-letter. The text of the Chin oath has been nowhere recorded. It is out of the question to go into the involved details of the negotiations in 1141 and 1142 here. We shall instead concentrate upon the text of the Sung oath as given by *CYYL*.

Text of the short version of the Sung Oath, 1141

" It is our humble opinion that it is the greatest virtue of emperors and kings to stop war and to give the people rest, and that to show consideration for the local regions and to have [their princes] reporting on their offices (*q*)[1] should be an eternal policy[2].

[Your] consideration is [as that] for the steps of a frail orphan[3], and [we] humbly receive the favours [valuable as] gold which one keeps. We venture to hope that the utmost will be done and look up to [your] reply of exceptional kindness. As the actions are too numerous for the Ancestral Hall, their essence shall be made clear in this sworn treaty.

In view of all this, the border to be drawn henceforth should take the middle course of the Huai river as the border-line. In the west the two prefectures of T'ang and Teng will be ceded and shall belong to your superior state. The border will be 40 *li* south and south-west of Teng prefecture. What belongs to Teng prefecture beyond 40 *li* in the south and south-west shall all belong to the military district of Kuang-hua and become [part of] the prefectures and military districts along the borders of our insignificant state.

For [your emperor's] birthday and for the New Year we shall send envoys to express our congratulations without interruption.

The existing annual tributes of silver and silk amounting to 250,000 taels and bolts respectively shall begin in the year *jen-hsü* (1142). Each year in the last month of Spring we shall send men to deliver [the tribute] who will proceed to Ssu-chou[4] and hand it over to you.

People from [the provinces of] Huai-pei, Ching-tung, Ching-hsi, Shen-hsi and Ho-pei who have come as vagrants and are staying in the south on their own initiative, shall, if they have reported to the officials and stated their reasons and want to return to their homes, not be detained or hindered. Those among them who are people from Yen and north of Yen shall be sent on their way from their present temporary residence.

1. This is a phrase from Mencius I, II, 4, 5 (Legge : " When the princes attended at the court of the emperor, it was called a report of office, that is, they reported their administration of their offices ").

2. (*r*) is a phrase from the (spurious) *Shu-ching* chapter T'*ai-chia* I; Legge, p. 202 : " cherish far-reaching plans ".

3. (*s*) is a quotation from *Tso-chuan*, Hsi 9, Legge, p. 154 : " I ventured to lay on you the charge of this child... "

4. In Northern Anhui, NE of Fêng-yang in the lower Huai region.

Hereafter we shall not dare to accommodate or hide fugitives from your superior state, and we shall not dare to violate even one inch of your territory or to rob one single person.

If it happens that fugitive rebels [from Sung] enter the territory of your superior state, we must not advance with troops in order to pursue them, but we shall instead send a note for their arrest [to you].

In the prefectural towns along the border there will be no troops garrisoned to guard the frontiers, apart from the formerly established number of archers, military food supplies, police patrols, etc.

If your superior state agrees to all this, our insignificant state too begs that this treaty should be jointly put into effect. After the covenant has been concluded we shall certainly by all means obey to it.

If this covenant should be violated, the Gods will send destruction and let his appointment perish and annihilate his family so that his state and family will be overthrown. "

It is clear from this version that the text is only a draft; the address and postscript, with the closing formulae of a normal oath-letter are missing. The general remarks with their classical allusions which serve customarily as an introduction to the treaty text proper have, however, been preserved in this version. The wording is characterized by an extreme humility, expressing the vassal status which the Sung had to adopt. The Chin state is addressed as " Your superior state " (*shang-kuo*), an expression contrasting with the " insignificant state " (verbatim : country town, *pi-i*) used for the Sung. The term *shang-kuo* is, however, used by the Sung in their letters long before the actual conclusion of the treaty. *Pi-i* is a binom taken from *Tso-chuan* where it is contrasted by *ta-kuo*, " great state " (see, e.g., Hsüan 14, ed. Kambun taikei, *ch.* 11, p. 32, and Chao 16, *ch.* 23, p. 48). Another difference to the earlier treaties is the use of the word *kung*, " tribute ", where formerly *pi*, " valuables ", was used. The border question is treated more fully than in the earlier oaths, but even so there remained many points to be cleared up, as the correspondence following the Sung oath shows [1]. The question of refugees is also dealt with in greater detail than in the abortive 1126 treaty. Surprisingly, nothing is said on the resumption of trade relations in the oath text itself. Trade between the two states was reopened in the summer of 1142 and soon grew to considerable proportions [2]. The oath formula of the Sung

1. Document 11 mentions that two copies of the map of the region on T'ang and Teng prefectures were drawn, plus one copy in red.

2. On the resumption of trade relations with the north see Toyama, *op. cit.*, pp. 384-387. The trade relations between Sung and Chin have been studied in great detail by Katō Shigeshi, *op. cit.*, vol. II, pp. 247-283, the tea, copper and silk trade, *ibid.*, pp. 284-304.

oath draft is again modelled on the *Tso-chuan* (Hsiang 11, ch. 15, p. 24) where the text reads (*t*) Legge, p. 453 : " May all these intelligent spirits destroy him, so that he shall lose his people, his appointment pass from him, his family perish, and his State be utterly overthrown! " The Sung oath leaves out the second sentence but is otherwise almost identical with the old *Tso-chuan* oath formula.

The corresponding Chin oath has, it seems, not been preserved but was originally included in the *Shao-hsing chiang-ho lu* (*CYYL*, p. 2356). Another document should, however, be mentioned here, because it appears as the worst humiliation the Sung had to swallow. This is the decree of the new overlord, the Chin emperor, in which he invests Chao Kou, i. e., the emperor Kao-tsung, as the ruler of Sung. It is understandable that no Sung source, not even the *SCHP*, which is not too strict on points of national susceptibility, has preserved this text[1]. Instead we find it in a Chin source, the biography of Wan-yen Tsung-pi (*CS*, 77, 5b-6a). In the same biography, the text of the covering letter (*piao*) which Sung Kao-tsung sent with his oath to the Chin (*ibid.*, 5a-5b) is also preserved. This text has not been recorded in *CYYL* or *SCHP* either — and it is not surprising, because it begins with the words *ch'en* Kou, " Your servant Kou ". The formal audience where the bearer of the investitute patent, Liu Kua, was admitted at the Sung court, took place as late as October 11, 1142 ; an earlier audience had taken place October 7th (*CYYL*, p. 2356) ; this envoy had already left on his mission with the document on April 20, 1142 (*CS*, 4 /8b and 60 /18a-b). And on June 18th, a Chin envoy was dispatched to honour the Sung court with a text of the Chin oath, styled " sworn edict " (*shih-chao*) (*CS*, 4 /8b and 60 /18b). We have seen earlier that " letter nº 5 " from the Chin is missing both in *SCHP* and *CYYL*. According to the dates, letter nº 5 should have been recorded at some time prior to letter nº 6, which is dated May /June 1142. It is not impossible that this letter nº 5 was the letter accompanying the investitute decree and omitted from the Sung sources for reasons of national pride. However this may be, on October 13th Liu Kua was permitted to burn incense in the [Buddhist] temple Shang T'ien-chu *ssu*, which from then on became a standard ritual for Chin envoys (*CYYL*, p. 2357).

The formalization of the peace took place after the negotiations and diplomatic correspondence which had lasted for almost one year. The first fundamental agreement to cease hostilities had already been

1. The document has been translated by O. Franke, *op. cit.*, vol. IV, pp. 236-237, after the version in *HTC*, 125 /6a-b. See also Toyama, *op. cit.*, pp. 380-381, on the investiture decree.

reached at the end of 1141. The chief dates of the procedures may be summarized as follows :

9th month, 1141	Wan-yen Tsung-pi agrees to make peace if the Huai border is accepted (*CS*, 60/17b).
December 23, 1141	Sung is willing to make peace, orders all offices to use « Great Chin » in documents (*CYYL*, p. 2292).
March 23, 1142	Chin decrees an amnesty to celebrate peace (*CYYL*, p. 2313).
March 26, 1142	Ho Chu and Ts'ao Hsün present Sung oath to Chin (*CS*, 4/8a-b and 60/18a).
April 20, 1142	Liu Kua is sent from Chin to invest Kao-tsung as Sung emperor; the coffin of the dead emperor Hui-tsung and the Empress Wei are sent to Sung (*CS*, 4/8b; 60/18b and 77/5b-6a).
June 18, 1142	Chin sends an envoy with the Chin oath to Sung (*CS*, 4/8; 60/18b).
September 4, 1142	Sung proclaim amnesty (*SCHP*, IV, p. 188).
October 7, 1142	Chin envoy Liu Kua is received in informal audience (*CYYL*, p. 2356).
October 9, 1142	The Chin oath is deposited in the Sung *nei-shih sheng* (*CYYL*, p. 2356).
October 11, 1142	Formal audience for Liu Kua (*CYYL*, p. 2356).
October 13, 1142	Buddhist ritual in Shang T'ien-chu *ssu* (*CYYL*, p. 2357).

The acceptance of the status as vassals of the Jürčen, which was, in any case, not felt in the interior of the Sung empire, guaranteed at least some sort of coexistence. This coexistence was again broken in 1160 by the senseless attacks of the Chin ruler Hai-ling wang. The treaty of 1164-1165 ended this interruption and brought some improvements for the Sung. The term *kung*, " tribute ", was replaced by *pi*; the payments were reduced from 300,000 to 250,000 taels of silver and bolts of silk; instead of the relation vassal-overlord the pseudofamily relation of younger uncle (Chin) and nephew (Sung) was adopted [1]. The full text of the Sung of Chin oaths has not been preserved, not even in the Sung work *Chung-hsing yü-wu lu*, which gives a very detailed account of the events between 1160 and 1165. The conditions of the agreement are recorded in a much shortened form in many sources, among which the *CS* biography of P'u-san Chung-i (87/12a) should be mentioned. The next interruption of coexistence was not caused by the Chin but by the Sung where the chancellor Han T'o-chou was a follower of the revanchist party. His war started in 1206 and failed, but the Chin were equally unable to win a decisive victory and finally a peace was concluded in 1208 [2]. The terms again brought a deterioration of the situation for the Sung who had to pay for their aggression : the annual payments were increased to 300,000. In this case a letter from Sung is preserved which can be regarded as the draft of the

1. O. Franke, *op. cit.*, vol. IV, p. 255; Toyama, *op. cit.*, pp. 43-44.
2. O. Franke, *op. cit.*, vol. IV, pp. 260-261; Toyama, *op. cit.*, pp. 50-51, 530-544.

final oath sworn by the Sung. It is contained in the biography of Wan-yen K'uang (*CS*, 98 /7b-9a). As the present author is preparing a study of this war and the negotiations which brought it to an end, we can leave out a discussion of this text for the moment.

The general impression to be gathered from a study of the Sung-Chin treaties is one of remarkable rationality. The Sung court adopted, in its correspondence and also in the formal oaths themselves, a policy of flexibility which in turn makes the correspondence and the treaties a faithful image of the actual situation. It would even be possible to write something like a history of Sung-Chin relations for the earlier decades of the Southern Sung on the basis of the diplomatic documents alone. These documents are very business-like and clearly display the sober attitude of the Sung " specialists in foreign affairs ". The rationality of the whole period is also revealed by stylistic features. It is hard to see " Confucianism in Action " in the letters exchanged between both states, and one cannot help to notice that the quotations from the classics and even the time-honoured *Tso-chuan* formulae were not much more than a decorative element. Religious sanction occurs only in the oath-formulae and has certainly not prevented either side from violating a sworn agreement. In short, the dominant aspects of foreign politics under the Sung are those of pure power politics, and even the ideological background of the one-world, one-ruler theory did not reach the domain of foreign politics when circumstances prevented its actual application. In this respect the Sung period can certainly be called modern.

*

CARACTÈRES CHINOIS

1. Auteurs et ouvrages

Toyama Gunji 外山軍治，金朝史研究
Ming T'ing-chieh 明廷傑，紹興講和錄
Chung-hsing yü-wu lu 中興禦侮錄
Iriye Keishirō 入江啓四郎，中國古典と國際法

2. Termes et noms propres

Chang Chüeh 張覺	Cheng Wang-chih 鄭望之
Chang Yüan-kung 張愿恭	Chi *chou* 薊州
Chao Kou 趙構	*chieh-wen* 節文
Chao Liang-ssu 趙良嗣	Ching *chou* 景州

Cho *chou* 涿州
Chung-shan 中山
chüeh-ch'ang 榷場
Ho-chien 河間
Ho Chu 何鑄
Ho Yün-chung 賀允中
I *chou* 易州
jun-lo 閏羅
Kao Shih-tsê 高世則
Kao Yung-i 高永儀
Kao Yün-shu 高允术
Kuang-hua 光化
kung 貢
Li Cho 李棁
Li yeh 李鄴
lien-chüan 練絹
Liu Kua 劉筈
mêng 盟
mêng-shih 盟誓
nei-shih sheng 內侍省
pi 幣
pi-i 敝邑
piao 表
P'ing-chou *lu* 平州路
pu-hsiang 不享
pu-hsüan 不宣
P'u-san Chung-i 僕散忠義
shang-kuo 上國
Shang T'ien-chu *ssu* 上天竺寺
shê-chi 社稷
Shen Hui 沈晦
shen-ming 神明
shih-chao 誓詔
shih-mu 事目
Shun *chou* 順州
Ssu *chou* 泗州
T'ai-yuan 太原
T'an *chou* 檀州
T'ang *chou* 唐州
Teng *chou* 鄧州
Ts'ao Hsün 曹勛
wai-ch'en 外臣
Wan-yen K'uang 完顏匡
Wan-yen Tsung-pi 完顏宗弼
Wang Chung-t'ung 王仲通
wang-k'u 王庫
Wen-an 文安
Wo-li-pu 斡離不
Wu-chu 兀术
Wu-kung 武功
Yu Yen 幽燕

3. Citations

(*a*) 國者天下之大器也
(*b*) 以通神明之心
(*c*) 以通神明之德

(*d*) 民墜塗炭

(*e*) 除

(*f*) 誅

(*g*) 文藏宗廟

(*h*) 副在有司

(*i*) 回

(*j*) 國

(*k*) 膚

(*l*) 慮

(*m*) 城下之盟

(*n*) 諸侯所深恥者

(*o*) 渝盟無享國

(*p*) 明神殛之，俾隊其師

(*q*) 述職

(*r*) 永圖

(*s*) 藐孤

(*t*) 明神殛之，俾失其民，隊命亡民，踣其國家

TABLE DES MATIÈRES

MAISON DES SCIENCES DE L'HOMME

collection

MATÉRIAUX POUR L'ÉTUDE DE L'EXTRÊME-ORIENT MODERNE ET CONTEMPORAIN

Textes

1. MAO ZE-DONG
   Une étude de l'éducation physique.
   Article traduit et présenté
   par S. R. Schram.
   1963. 80 pages.

2. JEAN CHESNEAUX
   Les syndicats chinois. 1919-1927.
   1965. 306 pages.

3. MARIE-CLAIRE BERGÈRE
   Une crise financière à Shanghai
   à la fin de l'Ancien Régime.
   1964. 84 pages.

4. STUART R. SCHRAM
   La « Révolution permanente » en Chine.
   1963. 114 pages.

5. HUANG-SUNG-K'ANG
   Li Ta-chao and the Impact of Marxism
   on Modern Chinese Thinking.
   1965. XII-94 pages.

6. TSOU-JUNG
   The Revolutionary Army.
   A Chinese Nationalist Tract of 1903.
   Introduction and translation with notes
   by John Lust.
   1968. 246 pages.

Travaux

1. Chen Chi-Yi
   La réforme agraire en Chine populaire.
   1964. 153 pages.

2. Jean Chesneaux et John Lust
   Introduction aux études
   d'histoire contemporaine de Chine. 1898-1949.
   1965. 126 pages.

3. Marie-Claire Bergère
   La bourgeoisie chinoise
   et la Révolution de 1911.
   1968. 156 pages.

4. Lo Hui-Min
   Foreign Office Confidential Papers
   relating to China and her Neighbouring Countries. 1840-1914.
   1969. 288 pages.

5. Pierre Fistié
   Sous-développement et utopie au Siam.
   Le programme de réformes présenté en 1933
   par Pridi Phanomyong.
   1969. 254 pages.

Études linguistiques

1. Viviane et Jean-Claude Alleton
   Terminologie de la chimie
   en chinois moderne.
   1966. 64 pages.

2. *Tables de concordances*
   pour l'alphabet phonétique chinois.
   1967. 116 pages.

PARIS MOUTON & CO LA HAYE

ACHEVÉ D'IMPRIMER
LE 28 NOVEMBRE 1970
SUR LES PRESSES DE
L'IMPRIMERIE HÉRISSEY
A ÉVREUX (EURE)

N° d'imprimeur : 9774
Dépôt légal : 4e trimestre 1970

FSC
www.fsc.org
MIX
Papier | Fördert
gute Waldnutzung
FSC® C083411

Kolibri 360 GmbH
Ferdinand-Jühlke-Straße 7
99095 Erfurt, Deutschland
produktsicherheit@kolibri360.de